未来领袖摇篮
系列丛书

WEILAI
LINGXIUYAOLAN

UNITED STATES
NAVAL ACADEMY

王新龙 | 编著

美国海军学院
英雄的母校

UNITED STATES NAVAL ACADEMY
Hero's Old School

中国出版集团
现代出版社

图书在版编目(CIP)数据

英雄的母校：美国海军学院 / 王新龙编著. —北京：现代出版社，2013.2（2021.8重印）

（未来领袖摇篮）

ISBN 978-7-5143-1388-8

Ⅰ. ①英…　Ⅱ. ①王…　Ⅲ. ①美国海军学院–青年读物②美国海军学院–少年读物　Ⅳ. ①E712.3-49

中国版本图书馆CIP数据核字(2013)第026822号

编　　著　王新龙
责任编辑　刘　刚
出版发行　现代出版社
通讯地址　北京市安定门外安华里504号
邮政编码　100011
电　　话　010-64267325 64245264（传真）
网　　址　www.xdcbs.com
电子邮箱　xiandai@cnpitc.com.cn
印　　刷　北京兴星伟业印刷有限公司
开　　本　700mm × 1000mm 1/16
印　　张　12
版　　次　2013年2月第1版　2021年8月第3次印刷
书　　号　ISBN 978-7-5143-1388-8
定　　价　32.00元

前 言
QIAN YAN

如今已步入不惑之年，记忆中的一些事情好多都已如烟消云散，不过有一个问题始终萦绕心头，我高中毕业的时候，家里的生活非常艰难，父母为什么还让我读完大学呢？这个问题困扰我已经20年了。终于有一天，我明白了，父母想让我换一种生活方式；他们不希望我沿着他们的生活轨迹前行！

古人说："行万里路，读万卷书。"这句话实在深刻！对现代人而言，行万里路易，读万卷书难。科技的车轮正以惊人的速度滚滚向前，终日在电脑和千奇百怪的机器前忙碌的现代人，用电线、光缆、轨道和航线把地球变成一个村落，点击鼠标，我们可以在世界的任何一个角落把自己随意粘贴。好多人已经认为读书没什么用！读书是在浪费生命。于是，面对现代文明，缺少了读大学修炼的底蕴。我们频繁遭遇对面相逢不相识的尴尬，不断地积聚那些源自心底的陌生。为此，我们渴望一种深层的理解，渴望一种心灵的历练，以让脚步和心灵能够行得更远。

大学有着上千年文化的厚厚沉积，大学有着上千年文明的跌宕起伏，大学有着上千年社会的沧桑巨变，这足以让你惊叹，让你震撼。大学给你的感觉是那样空灵，那样清新，那样恬静。追昔抚今，历史的长廊仿佛就在眼前。生命却耐不住"逝者如斯夫"的侵蚀，大学生活也是必需的人生经历。大学的魅力，与其耳闻，不如亲见。大学生活可以弥补我们时间的缺失，增值属于我们的光阴；大学可以把智慧集腋成裘，让我们的生命成就高品质的价值。

在任何一个团体中，总有某一个人充当着核心的角色，他的言行能够被团体认可，并指引着团体的某一些决策和行动。我们可以把这种人所具备的人格魅力称为“领袖气质”。环境是一种氛围，一种智慧，一种“隐性课程”。我国古代有“孟母三迁”的故事，说明环境对人才成长的重要性。

在良好的教育环境中，人才更能轻松愉快、自由主动地去发现、思考和探索，从中获得知识经验，在情感、信念、意志、行为和价值观等方面得到潜移默化的熏陶；成长环境有助于显示今天的行动与明天的结果之间存在的永久联系。在这里，曾经出现过无数的政治、经济、军事、文化等各个行业的领军人物。他们用行动证明：最具实力、特点的学府，才能真正缔造别具一格的人才。

本丛书选了最具代表性的世界名校20所。通过对这些名校的概况、教学特点、培养的名人等的介绍，意在深度挖掘人才成功之路上不为人知的细节，同时剖析名校培养人才的根本原因所在，是一部您一定要读的人生枕边书。

尽管我们付出了诸多辛苦，然而由于时间紧迫和能力所限，书稿错讹之处在所难免。敬请各方面的专家学者和广大读者批评指正。我们不胜感激！

编 者

2012年11月

目 录

开 篇 大学是未来领袖的摇篮

大学，是社会的良心，是天才的渊薮，是文化与思想的栖息地，也是每一个青少年成为未来领袖的摇篮。每所大学都有独特的文化和性格。一所大学能反映一个城市甚至一个国家的精神气质。大学是今天与未来的桥梁，认识一所大学，可以树立一个梦想；树立一个梦想，可以创造一个人生。

领袖是怎样炼成的 …………………………………………………… (3)
大学在青少年成才中的作用 ………………………………………… (13)
伟人的性格特点 ……………………………………………………… (16)
大学为伟人提供了成才的环境 ……………………………………… (19)

第一章 勇敢者的圣地

在现代世界，战争工具不是单单以发动战争为目的的。战争工具更重要的作用是维护和平的手段。因此，海军军官必须不仅了解如何作战，而且知道如何使用手中掌握的威力强大的战争工具，不进行破坏和制造混乱而达到维护一个自由和公正的世界的目的。

——阿雷伯克

第一课 美国海军学院的发展历程 ………………………………… (23)

第二课　认识美国海军学院 …………………………………… (28)
第三课　美国海军海豹突击队 ………………………………… (36)
第四课　美国海军学院名人榜——尼米兹 …………………… (58)

第二章　英雄的母校

美国马里兰州海滨小镇安纳波利斯，有一所全美知名的海军学院，这里向来以培养忠于国家、训练有素的海军军官为己任。162年的历史，让它成为与西点齐名的军事院校。在这片纯净的世界，多少年来一直造就或者毁灭着未来的英雄，成为无数年轻人毕生追逐的梦想。

第一课　在战争中建设与发展 ………………………………… (75)
第二课　美丽的美国海军学院 ………………………………… (80)
第三课　美国海军学院名人榜——罗宾逊 …………………… (84)
第四课　成就梦想的地方 ……………………………………… (92)
第五课　美国海军学院名人榜——马汉 ……………………… (96)

第三章　美国海军学院的教育

海军军官学校毕业生长期以来是美国海军正规军官队伍的"骨干"和"中坚"，占美国现役军官总数的18%，毕业生服满规定的5年服役期继续留队者约占毕业生总数的60%。在海军职业军官中（通常指军龄在10年以上者），该校毕业生约占50%。他们在进高一级院校深造和晋升方面，通常都处于优先地位。

第一课　发达国家军事学院的教育体系 ……………………… (105)

第二课　知识铸就三叉戟 …………………………………… (112)
第三课　美国海军学院名人榜——里科弗 ………………………… (116)
第四课　美国海军阳光管理法 …………………………………… (141)
第五课　美国海军学院名人榜——卡特 …………………………… (144)

第四章　美国海军学院的贡献

海军学院景色优美，环境宜人。校园被称为“大院”。大院里铺设着砖砌林阴大道，点缀着法国文艺复兴格调和现代风格的各式建筑。这些建筑，已成为美国西海岸上最著名的建筑群之一。大院里四处可见林阴掩映下的纪念碑和雕像，象征着勇敢精神和英雄主义传统，是学院最重要的遗产之一。

第一课　参加中日甲午海战的毕业生 ……………………………… (159)
第二课　著名飞机设计师道格拉斯 ……………………………… (163)
第三课　美国海军学院名人榜——哈尔西 ………………………… (166)
第四课　为中国培养早期留学生 ………………………………… (177)
第五课　美国海军学院名人榜——金海军上将 …………………… (180)

后　记 …………………………………………………………… (183)

开　篇　大学是未来领袖的摇篮

大学，是社会的良心，是天才的渊薮，是文化与思想的栖息地，也是每一个青少年成为未来领袖的摇篮。每所大学都有独特的文化和性格。一所大学能反映一个城市甚至一个国家的精神气质。大学是今天与未来的桥梁，认识一所大学，可以树立一个梦想；树立一个梦想，可以创造一个人生。

领袖是怎样炼成的

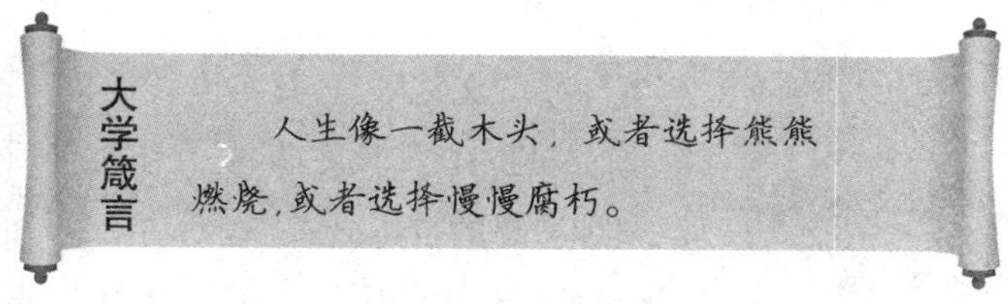

做一个出类拔萃的领袖

要想真正成为一名出类拔萃的领袖，必须在工作、生活各个方面具备过硬的素质。从某种意义上说，领袖必须成为人民的理想楷模。这不仅是指通常所理解的“德”，而且也是指同样重要的“智”。一个真正的领袖必须拥有远大的抱负，拥有异于常人的智慧，超常的适应能力，服务大众的态度和引导舆论的能力。

一个好领袖必是一个好的聆听者，并掌握与人沟通、表情达意的技巧。他充满自信，具有很强的分析能力，亦必毅力过人，并能不断自省以求进。英国首相温斯顿·丘吉尔说过：“成功不是终点，失败也并非末日。最重要的是具备勇气，一直前行。”当一个人为实现梦想苦苦追寻的时候，需要这样一种意志和品格。

坚持，是一种信念。无论在国内，还是在国外，要获得最美丽的人生，要实现自己最大的价值，要能够对社会、对他人有所回报，就要坚持自己的目标和梦想。

坚持，是一种过程。这个世界上，天上掉馅饼的事儿几乎为零，或者没有什么事情是一蹴而就的。在梦想实现之前，需要耐得住寂寞、孤独和暂时的不成功。

坚持，是一种生活方式。学习也好，工作也好，生活也好，都需要用一种坚持的态度去完成。这种生活方式可以磨练自己的意志力。坚持住人生信念，没有什么困难是不可以克服的。

做富有文化底蕴的智者

一个优秀的领袖必然有着深厚的文化底蕴，其实也就是文气。文气是指一个人的内在文化底蕴、外在儒雅气质、文化修养、精神境界的自然显露。大学是保存知识、传播知识、创造知识的殿堂，是培养人才的摇篮，是先进文化的策源地和辐射源。大学领导者作为知识分子的领袖、楷模和标尺，如果自身没有知识、没有文化、没有学问，即没有所谓的"文气"，就不会得到师生的尊重、敬仰和爱戴，就很难引领大学的发展。

> **【领袖语录】**
>
> 读书时不可有己见；读书后不可无己见。

修炼文气，须多读书，成为大学者。"腹有诗书气自华"。要养成儒雅的文气，就必须博学多识，不仅学习教育学、心理学、管理学、领导学、经济学等知识，还要多读经典古文、传统诗词、名家名篇，广泛涉猎经济、政治、文化、社会等各方面，学贯中西、通晓古今，努力成为著名学者。纵观做出卓著成绩的校长，他们都是某个学科领域的专家，同时也对人文社会科学知识有深厚的积淀。如北京大学原校长蔡元培是哲学家、美学家，还通晓教育学、心理学、生理学，堪称大学问家。

修炼文气，须多思考，成为思想家。文气的养成是为了提高个人素养，促进工作实践，而思考是学习与行动的桥梁，"学而不思则罔"。思考形成思维，思维产生观念，观念形成思想，思想决定行动。因此，大学领导者必

须学会思考，并多思考。要明了大学的性质，知晓大学的历史，把握大学面对的环境和拥有的资源，把文气的养成与改造思想结合起来，与指导实践结合起来，与解决实际问题结合起来。历史证明，成功的大学领导者，一般都是深邃的思考者。譬如，哈佛大学校长博克曾著《超越象牙塔》，指出现代大学不能回避为社会的进步和国家的利益服务；芝加哥大学校长赫钦斯曾著书《高深学问》，反对功利主义，倡导博雅教育；耶鲁大学校长吉亚麦提曾著《大学和公众利益》，探讨大学的性质和在社会中的作用；加州大学校长克尔曾著《大学的功用》，提出了巨型大学的概念。由于他们对大学有深入的思考，不随波逐流，从而把大学办出了特色，推上了新台阶。

修炼文气，须多谋划，成为谋略家。大学领导者是学校的规划设计者，历史上有卓越成就的大学领导者都是优秀的谋略大师。卡迪夫大学前任校长史密斯爵士曾说过，作为领导者，他必须将四分之三的时间花在思考学校方向和战略上，他认为，“校长就是要将自己的办学战略和价值理念传播出去，让学校所有员工接受，然后选择合适的人去实现这些策略。”中国的大学校长都曾经或正在谋划制定“大学发展战略规划、大学学科和师资队伍建设规划、大学校园发展规划”，引领大学的发展和振兴。事实证明，大学领导者只有经常围绕“建设一个什么样的大学，怎样建设这样的大学”的问题潜心思考，精心谋划，才能认准大学发展的根本方向，不至于随着各种思潮的冲击而左右摇摆。

【领袖语录】

所谓年轻的心，就是总有一扇门敞开着，等待未来闯进。

浩然正气的力量

一个优秀的领袖还必须有正气。孟子曰：“吾善养吾浩然之气。”文天祥说：“天地有正气，杂然赋流形。下则为河岳，上则为日星。于人曰浩然，沛乎塞苍冥。”对大学领导者来说，正气就是不媚俗，能引领社会发展潮流。

修炼正气,须不媚俗。大学既要防止“滞后于社会”的弊端,但又不简单地“迎合时尚”。这就要求大学领导者的办学理念和行为方式必须因时而变,成为“对现在和未来都会产生影响的一种力量”。但这种适度而明智的变化不是无原则、无限度的,必须是“根据需求、事实和理想所做的变化”。罗伯特·M·赫钦斯在《学习社会》一书中直言不讳地追问:“大学究竟是为社会服务还是批评社会?是依附于社会还是独立于社会?是一面镜子还是一座灯塔?是迎合眼前的实际需要,还是传播及光大高深文化?”这些都需要我们深思。

有几个充分表明大学校长不媚俗的例子:1986 年哈佛大学校庆,当时的美国总统里根希望获得哈佛大学名誉博士的称号,但哈佛大学校长德雷克·博克予以拒绝:“里根可以成为美国总统,但他难以获得哈佛的博士学位,因为这是学术称号。”人们称之为“两个 President 之争”。基辛格从国务卿岗位上卸任并退出政坛后,很想回到哈佛大学工作,但被哈佛大学校长婉言谢绝:“基辛格是个学识渊博的人。如果论私交,我和他的关系也不坏。但我要的是教授,不是不上课的大人物。”1957 年北大校长马寅初在最高国务会议上提出他的“新人口论”,受到当时权威的批判,但他说:“我决不向专以力压服,不以理说服的那种批判者们投降。”尽管他被迫辞去北京大学校长职务,全国人大常委之职也被罢免,公众的心中却并未消失,马老正直的身影和铿锵之声;历史证明,马寅初不媚俗,不迷信权威,他掌握了真理。

修炼正气,须能引领。大学不应脱离社会、孤芳自赏,而应当“与社会保持接触”,并“以自己的实力和声望”对科学和重大而紧迫的社会问题、社会现象进行研究,从而对社会可能采取的行动与对策产生影响。赫钦斯说:“大学是一个瞭望塔。”在改革社会中应发挥积极的作用,成为承担公共服务的必不可少的工具,应不惜一切代价加强各种创造性的活动,引领社会前进。普林斯顿大学原校长弗莱克斯纳认为:大学必须经常给予学生一些东西,这些东西并不是社会所想要的(want),而是社会所需要的(needs)。不管社会如何变化,在任何情况下,大学都有对于知识和

思想保存的责任，能不断引领社会发展，而不是一味地适应社会。因此，大学领导者应有能力通过引领大学发展来引领社会发展。

底气是做人之本

【领袖语录】

不要把知识与智慧混淆，知识告诉你怎样生存，智慧告诉你如何生活。

一个优秀的领袖还必须有底气。底气是做人之根本、根基、根源。底气足，才有真本钱，才有发言权，才有凝聚力和号召力。底气的表现形式就是说话的分量、人格的魅力、个人的影响力，就是群众的归属感、信任感和敬仰感。作为大学领导者，必须要有充足的底气。有了充足的底气，才能确立威信，促进事业的兴旺发达，实现大学的价值。充足的底气需要磨练和积累，需要全身心地培育和修炼。

修炼底气，须立大志。底气源于理想和信念。理想和信念是大学领导者的基本内在修养。大学最根本的社会功能就是储存、创造和传递人类文明。大学要创造新的人类文明就要为了真理而追求真理。追求真理本身就是目的，因此，它天然地反对功利主义。大学还要负载价值，守望社会精神文明，给人类以极大关怀。因此大学领导者要树立追求真理、献身真理的大志向。要坚信我们所从事的事业是正义的事业，是伟大的事业，责任崇高而神圣，任务光荣而艰巨。

修炼底气，须善实践。能力是底气的表现。大学领导者在专业上要做专家，管理上要做行家，必须勤于实践善于实践。以华中科技大学历任领导者为例，他们都是善于实践的典范。朱九思提出“敢于竞争，善于转化”，“科研要走在教学的前面”，大力加强科学研究；杨叔子坚持“高筑墙，广积人”，大力加强师资队伍建设；周济实践“以服务求支持，以贡献求发展”，大力发展社会服务等。正是历届领导者励精图治，实践创新，硬是把一所名不见经传的大学建设成了一所国内外知名的大学。由此可见，大学领导者应该是实践者。他不一定是管理学科的专家，但深谙教育管理之道，善于行政管理，精于用人之道，具有解决和处理各类大学矛盾的能力。

他不一定是专门的政治家,但能够把握大学正确的发展方向,提出适合大学长远发展的办学思想与理念,用先进的办学指导思想推进大学的建设、改革与发展。

修炼底气,须敢成功。成功的大学,领导者会更有底气,有底气的领导者会把大学引向更加成功的境地。正是由于哈佛校长艾略特、劳威尔、柯南特、博克等人成功地将哈佛引向了成功,才使哈佛大学更有了底气;也正是哈佛大学的不断成功,才使哈佛大学的校长更有底气,从而进一步引领大学从胜利走向新的胜利。

大气是一种智慧

一个优秀的领袖还必须有大气。大气,就是大气度、大胸怀、大气魄,大爱心。大学应该有大气。江泽民同志在北大百年校庆时讲:“大学,应该是培养和造就高素质的创造性人才的摇篮,应该是认识未知世界、探求客观真理、为人类解决面临的重大课题提供科学依据的前沿,应该是知识创新、推动科学技术成果向现实生产力转化的重要力量,应该是民族优秀文化与世界先进文明成果交流借鉴的桥梁。”完成这一使命,“大学的党委书记和校长,应该成为社会主义政治家、教育家。”因此,大学领导者应该有大气。

修炼大气,须有大视野。大学之大,根本取决于它的两大直接产品:学术和学生,以及铸成这两大产品的模具:学者、学长和学风。因此大学之大,乃在于学术之大、学生之大、学者之大、学长之大、学风之大。大学领导者要有宽广的视野、开放的精神,兼容并蓄,善于从复杂的现象中看到事物运动的基本态势,抓住基本规律,从眼前的利害中超越出来,突破经验的束缚,对社会需求进行全局的、客观的把握,穿透眼前,看到长远。大学发展的历程证明,大学领导者的视野往往决定大学的发展。纽曼的传统大学观把大学看作是“一个居住僧侣的村庄”,弗莱克斯纳的现代大学观把大学看作是一个城镇,而克拉克·克尔的多元化巨型大学观则把大学看作是“一座充满无穷变化的城市”。可见领导者的视野决定大学的视野。哈

佛大学校长萨默斯以国际视野改革大学教育，强调哈佛新课程改革要给本科生更多的到国外学习的机会。

修炼大气，须有大胸怀。“一个人胸怀有多大，才能做多大的事业。”大学具有天然的包容性：首先是学科包容。大学包容了传统基础学科，还包容了跨学科、边缘学科和应用学科，甚至为那些已经乏人问津的学科以及尚未获得广泛承认的学科与知识领域留有一席之地。其次是学者包容。大学包容各种各样的学者和学生，甚至为个别行为、个性和思想方法奇特的学者创造宽松环境，使他们按自己的习惯从事活动。再次是学术包容，即包容学术上的各种不同见解。因此，大学领导者在办学理念上，要有开放意识和世界眼光，以昂扬的气势迎接各种挑战，以仁厚的情感容纳学生，以宽容的精神对待学术，以谦虚的心灵接纳新知识；要在选用人才上，有“海纳百川”的大气，以开放的胸怀招揽人才，以宽广的眼光选用人才；在具体工作上，要有团结友爱的胸怀、互以对方为重的风格，要搞五湖四海，不搞小圈子，做到坦坦荡荡、光明磊落，容人、容事、容言。如果说大楼、大师是大学的硬件，大气则是软件，软件与硬件同样重要。在一定意义上，甚至可以说软件比硬件更重要。1953 年出生的安德鲁·怀尔斯，10 岁时对世界难题费马大定理着了迷，于是立志搞数学。他 32 岁成了普林斯顿大学教授后好像突然消失了，学术会议不参加了，论文也没有，有人说他江郎才尽了，有人说应该解聘他，但普林斯顿大学校长不为所动，仍然聘他为教授，表现出了大学的大爱，终于在 9 年后的 1994 年，安德鲁·怀尔斯破解了费尔马大定理，轰动世界，也使普林斯顿大学声名远扬。

【领袖语录】

气不和时少说话，有言必失；心不顺时莫做事，做事必败。

修炼大气，须有大手笔。有了大手笔，才会有大发展。大手笔，要有大气魄，要有超越、怀疑、批判精神。要超越各种形式的禁锢和守旧观念，挑战各种历史理论和权威，深刻批判与反思，进行前提性追问、主体创造与建构。正是因为洪堡的大手笔才使柏林大学得以振兴，成为研究型大学的

> 【领袖语录】
>
> 遭遇鄙视是因为你对别人有威胁，或者有价值，是值得欣慰的。

楷模，从而使大学具有科学研究的职能；正是范海斯的大手笔，提出“威斯康星州的边界就是威斯康星大学的边界”，才使美国大学得以崛起，从而使社会服务成为大学的第三大职能；也正是蔡元培的大手笔改造旧北京大学，才使北京大学焕发出新的青春活力，成为真正意义上的现代大学。大学领导者要有大手笔，就要敢于有所为，有所不为，有所舍弃，敢于砍掉不适合自己学校发展的东西；有所为，有所先为，有所后为，敢于在自己的位置上创新、创造不可替代的业绩。

锐利的士气

一个优秀的领袖还必须有锐气。《淮南子·时则训》所说的“锐而不挫”，彰显的是不畏困难和挫折的精锐士气。锐气就是要有一股子劲，始终保持一种向上的进取姿态，保持高昂的工作热情和工作韧劲。锐气就是在成绩面前不忘乎所以，在困难面前不灰心丧气，不断适应新形势，研究新情况，解决新问题，做到“苟日新，又日新，日日新”。有锐气，才能有所作为，有所建树。

修炼锐气，须讲批判。大学是知识传递与生产的场所，是新思想的重要发源地。不论是知识的传递与生产，还是真理的探求，都应该建立在大学批判责任基础之上。德国社会学家海因兹·迪特里奇尖锐地指出：“今天的大学是一些被阉割了的机构，大学教育脱离大多数人的生活现实，研究质量低下，教育道德沦丧。”作为大学领导者要弘扬大学的批判责任，鼓励和支持大学继续扮演那种绝对真理、社会公正和道德良心守护神的角色。

修炼锐气，须讲创新。加拿大阿尔伯塔大学校长罗德里克·德·弗雷泽认为，大学领导者的主要职责有三项：第一，吸引最好的学生到学校读书；第二，吸引最好的教职员工到学校工作；第三，为教职工、学生提供足够的资源，营造积极的氛围，使师生能够有效地学习、创造性地开展学术与科

研工作，保证他们发挥最大潜力。大学要做好这些工作，没有具备创新意识和创新能力的领导者是不行的。创新是大学保持生命力的关键所在。历史证明，不满足于现状，勇于改革和创新是优秀大学领导者共同的特征之一。哈佛大学原校长劳威尔说在他任校长的24年里，有四大创新：一是设立主攻课和基础课制度，二是设立住宿学院制度，三是设立导师制度，四是设立荣誉学位制度。这些都为哈佛大学的进一步发展奠定了基础。

修炼锐气，须养个性。牛津大学原校长纽曼是一个有个性的校长。他认为：大学是传播普遍性知识的场所。知识本身即目的。教育是理智的训练。大学是为传授知识而设的，“如果大学是为了研究，我不知道大学为什么要那么多学生”。他的个性造就了牛津大学的辉煌。柏林大学原校长洪堡认为，大学的基本组织原则就是两条：自由和宁静，教师和学生为科学而共处，自由地进行各种学术上的探讨。他的个性使柏林大学很快崛起。威斯康星大学原校长范海斯认为，大学的基本

【领袖语录】

没有人可以打倒你，打倒你的只有你自己。

任务是把学生培养成有知识、能工作的公民；进行科学研究，发展创造新文化、新知识；传播知识，把知识传授给广大民众，使他们能够运用知识解决经济、生产、生活、政治等方面的问题。这种理念引领大学走出了古典大学的围墙，使大学获得了新的生命。曾经被毛泽东评价为“学界泰斗，人世楷模”的蔡元培，不仅提出了“囊括大典、网罗众家，思想自由、兼容并包”的著名办学方针，铸就了“北大精神”，更重要的是，他具有“外和内介、守正不阿，勇于任事、敢于负责，宽容大度、民主平等，严于律己、廉洁奉公”的个性，改造北大，铸就了北大的辉煌。

领袖素质

远大的理想。纵观历史中的领袖都有远大的抱负，所谓吞吐天地之志。拥有这样的理想才能塑造其人格魅力。人们追随他，绝不仅仅因为他长得帅，而是因为他能带给人们希望，给人们一个远大而美好的憧憬。

大学在青少年成才中的作用

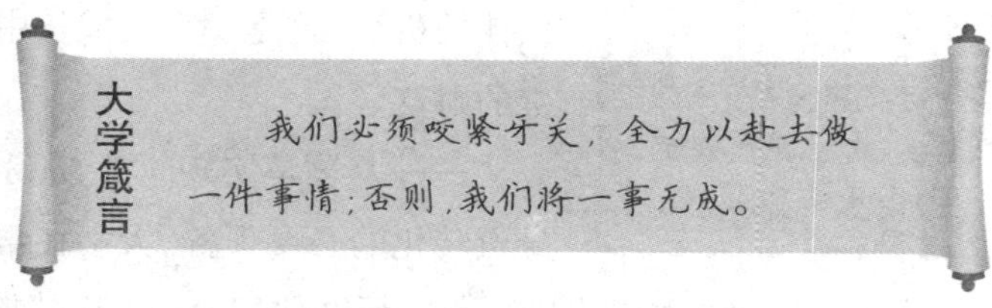

做一个知书达礼的人

大学可以让我们自我发展与完善，大学不仅能帮助学生“读书明理”，更能帮助学生提升修养、品质、智慧。大学教育对于年轻人形成人生观、社会价值观，对于发现和理解生命的意义和人的社会价值有极大的作用。大学是人们的精神家园。

青少年作为明日的社会精英，在大学期间除了读好本科课程外，亦应把握所有机会与同窗多交流，多沟通，以培养人际沟通技巧，学习聆听，也多表达意见。这些同侪间的互动、不断的切磋砥砺，对于培养个人自信心、提高分析和自省能力都有莫大裨益。

大学在现代已经逐渐发展成高等教育系统，由各种类型的高校组成，不同类型的高校的社会职能与社会定位、人才培养目标、对学生的要求、教育教学模式各不相同。就读不同的高校通常与不同的职业生涯发展有着较为密切的联系。选择大学,应当是个人对大学意义与价值和自身发展设想充分认识基础上的理性判断。从一般意义上讲,今天的大学至少能为学习者提供以下服务。

——大学是探究未知世界的场所。具有好奇心的年轻人与致力于探究未知世界的教师结成共同体,大家志同道合,在满足好奇中推动人的发展和社会发展。这样的职能是其他社会机构无法替代的。

——大学是年轻人交往的地方。大学把四面八方、有着各种文化背景、生活体验与经历的学生汇集起来,让年轻人相互交往并且相互学习,为每一个学习者提供发现不同的交往伙伴的机会。这是一个人成长中极为宝贵的财富。

【领袖语录】

信仰比知识更难动摇;热爱比尊重更难变易;仇恨比厌恶更加持久。

——大学是实现学生身份到工作身份转化的必要预备。大学在帮助学生形成工作所需要的专业能力的同时,还应帮助他们完成“工作准备”,形成个人就业的“配置能力”(个人在就业市场上发现机会、自我判断、抓住机会实现就业的能力)。大学对学生在心理、文化、人际交往、专业等方面的训练,正是为了能有这样的“配置能力”。这是推动学生转型为“职业人”的社会化过程。

——大学帮助年轻人获得安身立命的专业能力。高等教育往往决定多数人终身的专业方向和职业领域,它帮助学生形成专业化的劳动能力,在今天这样分工高度专业化的社会,专业教育具有关键作用。

做适应社会需要的人

现代大学将越来越难以提供人们曾经期待的那种“社会地位配置”作用,而“回归”教育机构的本质。所以,大学生要认真把握大学能提供什么和自己需要什么,在大学里努力提升综合素质和专业能力,给自己的未来加注尽可能多的“能源”。

随着世界格局的变化，特别是东西方阵营的瓦解和各国发展模式的调整。原有政治主导或经济主导的状况相应改变。大学的普及成为影响青少年发展的重要因素，也引起青少年组织与社团的高度重视。大学为青少年学习提供动力的同时，为青少年组织与社团开展各种服务、活动、教育提供了机遇。

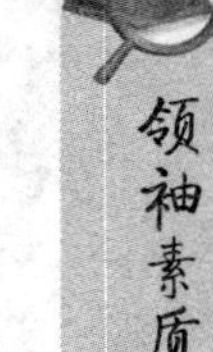

领袖素质

超常的适应能力。领袖的路并不一定是一帆风顺的。有前呼后拥的壮观场面，也有独自一人的低谷阶段。能够适应时局的起落变化，不被挫折打倒，不被胜利冲昏头脑是领袖的生存之道。

伟人的性格特点

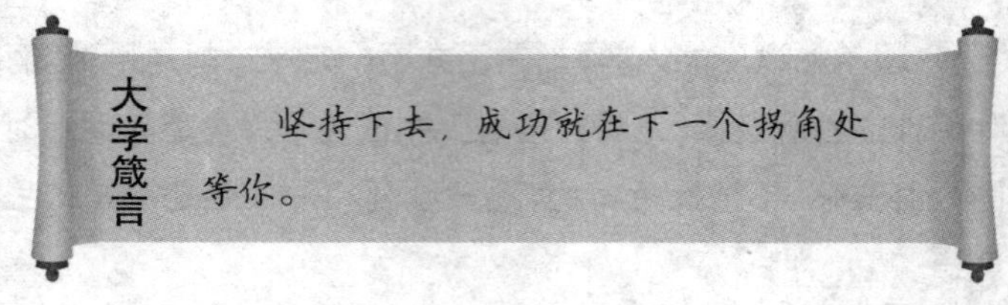

非智力因素的作用

现代心理学研究表明，一个人的非智力因素（性格是其中一个重要方面）在一个人的成才中占有十分重要的作用。一个人具有优良而成熟的性格就能最大限度地发挥自己的精神力量，并能与环境中的他人建立和谐良好的关系。一个人的性格还是其自身品德、世界观的具体标志，是其精神面貌的综合反映和集中体现。

有人对享有盛誉、成就卓著的领导人的性格进行了研究，发现他们共同的性格特征是：实际、客观、求善、创新、坦诚、结交、爱生命、重荣誉、能包容、富有幽默感、悦己信人。这些性格特征是他们造福于人类的信仰的体现，对支持他们始终如一地为实现信仰而奋斗起了重大作用。

美国心理学家台尔曼对 150 名事业有成人士进行研究，发现性格因素与他们的成功有着密切关系。他们往往具有以下共同性格特征：第一，

为取得成功的坚持力；第二，善于积累成果；第三，自信心强；第四，不自卑。考克斯对 1450 年至 1850 年 400 年间所出现的 301 位伟人进行研究，发现他们都有以下优秀性格特征：自信、坚强、进取、百折不挠等。

在社会实践中，对不同职业者还有不同的职业性格要求。例如，做医生要有严谨、认真、细心、安定的性格；做企业家要有独立、进取、坚强、开放、灵敏等性格；而作为军人就要有勇敢、坚强、果断、自制、机智等性格。不具备相应的职业性格特征的人，往往难称其职。

在日常生活和人际交往中，热情、真诚、友善的人受欢迎，生活也幸福；冷漠、虚伪、孤僻、不负责任的人受冷落，生活也多有不幸。

信念的作用

信念，是一种心理因素。信念领导力是战胜挫折、赢得机遇的前提，也是切实的方法。自信的人首先忠诚于自己的信念，这种信念融入你的言行、举止，让你的举手投足都在辅助你的语言所表达的信息，因而让人们相信你的能力和人格。作为一个领导者，信念坚定是战胜工作中的困难，力排干扰，把握时局，打开局面，果断决策和树立领导威望的一个重要的心理优势。

有了信念，才能以最佳心态开展工作、履行职责；有了信念，才能以饱满热情开创事业、完成使命。运动员在赛场比赛，要争得第一，争得一流，不可没有信念；求职者在人才市场应聘，要技压群芳，求得赏识，不可没有信念。一名领导干部，无论是作竞职演讲，还是就职表态，必须保持良好的心理素质和精神状态，以坚定的口气、热情的态度、积极的表现来赢得上级和群众的支持。

自信是一种认识和态度

自信是一种认识和态度，也通过人的风格来表现。美国形象设计大师鲍尔说：“成功男人的风格反映在外表，而优雅来自内在，它是你的自信及对自己的满意，它通过你的外表、举止、微笑展示。”自信并不一定是天生具有的，它可以通过后天的培养而产生。如果你在生活中认真观察，你会发现这种自信是有感染力的。

心理学家发现，外向的性格和信念是吸引和保持朋友的重要原因。由于自信，朋友和同事愿意跟随着你，上司也会对自信的人高看一眼。因为你具有自信的气势，让别人相信你能把任何事都变成现实。然而信念却不一定需要用语言来表达，它通过你的神态、语气、姿势、仪态等等，无声无息地、由里向外地散发着魅力。

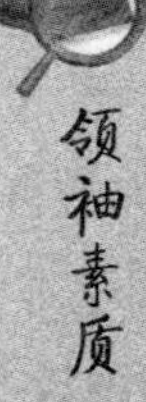

领袖素质

服务大众的态度。领袖并不一定要用暴力主宰一切，事实上暴力统治一般不能长久。长久的领导艺术需要懂得如何服务大众，满足大众。

大学为伟人提供了成才的环境

大学箴言

所谓人才，就是你交给他一件事情，他做成了；你再交给他一件事情，他又做成了。

环境对人的心理和行为具有普遍制约作用。系统论认为，环境是第一个在系统周围能够广泛产生作用的场所和条件。人的心理机能是对环境的长期适应的结果，人的心理和行为取决于当前的刺激、个性特征、整个环境及特征。同时，环境与人的心理和行为是相互作用的，这种关系不仅表现在人类生存的自然环境与人的心理与行为的相互作用，也表现在社会环境与人的心理和行为的相互作用，环境对人的心理、行为产生普遍的制约作用，人的心理、行为又导致环境的改变。

心理学家考夫卡在其《格式塔心理学原理》一书中提出环境分为现实的地理环境与个人意想中的行为环境，他认为行为产生于行为环境，受行为环境的调节。另一位心理学家勒温在《拓扑心理学原理》一书中提出

动力场理论，该理论中的生活空间是指人的行为，也就是人和环境的交互作用。勒温所指的环境是指心理环境，是与人的需求相结合在人脑中实际发生影响的环境，由于人的需求的作用，使生活空间产生了动力，勒温称为引力或斥力。由于生活空间具有的动力，人的行为就沿着引力的方向向心理对象移动。

大学为伟人们提供了一个“宽松”与“紧张”适度平衡的环境。大学的环境往往会创造出一种特有的氛围。耶鲁大学模仿英国牛津大学和剑桥大学的模式，从 20 世纪 30 年代开始实行的“住宿学院”制沿袭至今，每个“住宿学院”有 300 ~ 500 名本科生，男女比例对等，配有院长和学监各 1 名。12 个“住宿学院”拥有自己的餐厅、客厅、庭院、图书馆、娱乐室等。学校希冀借此使其学生所受的教育不仅仅局限于课堂知识，而且注重在起居社交时学到做人的道理，并从中获得终身的友谊。

列别捷夫曾说，“平静的湖面，炼不出精悍的水手；安逸的环境，造不出时代的伟人。”在这个高等教育良莠不齐的时代，一所真正的一流大学所能为国家和民族乃至整个社会做出的贡献是不可估量的。

领袖素质

引导舆论的能力。不得不承认，所有的领袖都要有非常好的口才。他必须时刻掌握舆论导向，让思想意识统一在自己的领导方向上。在管理学中，领袖是人际角色中的一类，有着激励和指导团队成员的责任。

第一章　勇敢者的圣地

在现代世界，战争工具不是单单以发动战争为目的。战争工具更重要的作用是维护和平的手段。因此，海军军官必须不仅了解如何作战，而且知道如何使用手中掌握的威力强大的战争工具，不进行破坏和制造混乱而达到维护一个自由和公正的世界的目的。

——阿雷伯克

第一课　美国海军学院的发展历程

美国海军学院的任务是把普通学生培养成具有坚实的知识和技术基础、有进取心，身体强壮的海军与海军陆战队的职业军官。

走近名校

美国海军学院位于马里兰州首府安纳波利斯，因此又称“安纳波利斯军校”，是美国海军培养初级军官的一所重点学校。该校创办于1845年，是美国海军唯一一所正规军官学校，当时称为“海军学校”。该校学制为5年，其中3年为海上训练。1850年改称为“海军军官学校”，学制改为4年，主要是为舰艇及海军航空兵和海军陆战队培养各种专业的初级军官。1932年国会通过立法，授权该校授予毕业学员学士学位。

1975年10月，国会授权该校招收女学员。

目前该校在校学员达4500人。该校建在塞文河流入切萨皮克湾处，距华盛顿市和巴尔的摩市均不到一小时汽车行程。该校在陆军的塞弗恩堡原址上初建时仅有10英亩(1英亩约等于4047平方米)土地，现在占地已达322英亩，增加的面积大部分来自填河造地。

36个学员连各有一个集会室。楼内有天主教、耶稣教和其他宗教的小教堂，有小百货店、裁缝店、书店、理发店、修鞋店、邮局、保龄球场、快餐店、娱乐室等。附属有一个能容纳全体学员就餐的大餐厅，还有牧师队中心和礼堂。

从这所学校走出的有第一次获得诺贝尔奖金的美国科学家米切尔森，战略理论家《海权论》的作者马汉及前美国总统卡特和布什，还有许多海军和海军陆战队上将以及著名的宇航员。

校园掠影

美国海军学院校园景色优美，环境宜人。校园被称为“大院”。大院里铺设着砖砌林阴大道，点缀着法国文艺复兴格调和现代风格的各式建筑。这些建筑，已成为美国西海岸上最著名的建筑群之一。

【经典语录】

忍别人所不能忍的痛，吃别人所不能吃的苦，是为了收获得不到的收获。

1963年，联邦政府指定该校舍为国家历史文物。每年慕名前来参观的人达100万以上。大院里四处可见林阴掩映下的纪念碑和雕像，象征着勇敢精神和英雄主义传统，是学院最重要的遗产之一。建筑物和道路都以杰出毕业生的名字命名。他们中的每一位都为美国海军历史和国家做出过不朽贡献。

海军军官学校的主要建筑物有：

1. 学员生活楼——班克罗夫特大楼。它可供4000名学员生活，除学员宿舍，还有学员集会室、小教堂（天主教、耶稣教和其他宗教小教堂）、小百货商店、裁缝店、书店、理发店、修鞋店、邮局、保龄球场、快餐店、娱乐室、牧师活动中心、礼堂等设施，还有能容纳全体学员就餐的大餐厅。

2. 学员活动中心——达尔格伦大楼，其中有室内溜冰场、自助食堂、休息室和游戏室。

3. 体育场所——勒琼大楼（有1100个座位的奥林匹克规格的游泳池和跳水设施，还有6个摔跤场）、麦克多诺大楼（用途多的体育场）。

4. 自然科学楼——米切尔森大楼。

5. 数学楼——肖夫内大楼。

6. 工程学与实验室楼——里科弗大楼。

7. 现代化的教室与实验楼——马汉大楼、莫里大楼、桑普森大楼、卢斯大楼。

8. 尼米兹图书馆——藏有海军科学与历史方面的书籍65万册。馆内设有能容纳1500名读者的阅读室，还有讨论室、打字与计算室、视听室、计算机终端室等。馆内还设有一个教育资料中心，负责制作与播放12个频道的闭路电视节目。

学校历史

该校始建于1845年10月10日，由当时的海军部长乔治·班克罗夫特创建，当时校园仅占10英亩土地。

1850年7月1日正式定名为美国海军学院。学校采用新的课程体系，学制4年。校园面积扩大到322英亩。

美国内战爆发后，1861年5月13日，海军军官学校奉命迁往罗德岛州的纽波特。直到1865年6月22日，经国会批准，海军军官学校才又迁回到安纳波利斯。

主要建筑物始建于1899年，采用文艺复兴时期的风格。其后经历年扩建，已成为美国西海岸最著名的建筑群之一。

1930年10月25日，美国大学联合会接纳了该校。

1932年国会通过立法，授权该校授予毕业学员学士学位。

1933年5月，美国国会授权海军军官学校校长向自接纳之日起的该校

毕业生授予理学学士学位。

1937年，国会又将这一荣誉泽及自该校成立以来所有活着的毕业生。该校长期以来被列入全美最著名的50所高校之一。

1976年，美国国会批准所有军种院校对妇女开放，海军军官学校也开始接受女性学员。

目前，该校在校学员达4500人。女性学员一般约占新生的15%～18%，她们与男学员攻读同样的学业课程，接受同样的职业训练。

美国海军学院小百科

海军军官学校的校长是将级军官，一般为少将，在海军部长领导下工作。海军部长又授权海军作战部长对学校进行行政管理与监督。校长之下设学员总指挥官，军衔为准将，是全体学员的指挥官，负责军事教育和体育课程，并负责培养学员的责任心、荣誉感和忠诚意识，引导学员决心取得作为军校学员以及海军军官所需的高标准成绩，其目的是为学员在军事专业学科与技术上打下牢固的基础，以便将来担任海军和海军陆战队的职业军官。

第二课　认识美国海军学院

美国海军学院，是美国海军培养初级军官的一所重点学校。该校为海军舰艇部队、海军航空兵部队和海军陆战队培养了各种专业的初级军官。

学校概况

美国海军学院，主要招收具有中等文化程度、经考试合格的17～20岁的青年。多数学员直接从高中录取，也有相当一部分来自大学或预科学校，或者来自海军部队和海军陆战队。

学员入学条件相当严格。除了具备必要条件外，学员还须得到总统或海军部长、副总统、国会议员和某些州长的推荐方有资格入学。该校每年也从美洲国家招收约20名学员，每个国家不超过3名。现有在校学员约4000名。

美国海军学院隶属于海军部。校长为海军少将军衔，直接对海军部长负责。

其下有7名助手：学员总指挥官、教务长、行政部长、管理部长、注册和统计主任、招收主任、体训主任。教学机构中设5个教学部，每个部下属若干个系，各系的主任分别由文职人员或海军军官担任。海军科学部主任负责指挥系、兵器系、海上医疗系；社会系与人文学部主任负责政治系、历史系和国外语言系；自然科学与工程部主任负责数学系、工程系和自然科学系。所设课程有：数学、自然科学、人文学和社会学、航海学、工程学、兵器学等。此外还有选修课。

该校共有教官600人，分为军职和文职两类。

多数文职教官从名牌大学取得博士学士，站在本学科学术前沿；军职教官来自海军部队，二、三年轮换一次，带来了部队的新的思想和信息。两类教官的数量大致相等。

除本国教员外，也有外国军官来校任教。教学设施水平之高在美国大专院校中名列前茅，其中还有1个小型核反应堆，除各类实验室外，还有1个导航标图室、1个环境科学实验室、1支拥有80艘舰只的船队和1个电子计算机中心等。这些教学设备和设施为学员的学习提供了良好的条件。

美国海军学院的学制为4年。在4年的学业中，学员学习军事科学、船艺和航海、海军战术、海军工程、海军武器、领导能力、道德伦理和军事法规等课程。

此外，每年夏天都要抽出部分时间到海军基地或舰艇上去接受训练。

第一学年，新学员入校后，在暑期中首先学习着装、队列行走，逐渐从一个老百姓转变为一个军人。然后是熟悉海军和美国海军学院的基本情况，了解作为新学员和学员旅成员的责任。

这期间还要学习帆船和摩托艇驾驶技术。第一学年的3门军事专业课是:海军工程课(推进系统与辅助设备的功能)、海军学术课(舰只驾驶基础、战斗编组、通信和指挥等)、领导能力课(了解未来任职部队的环境、口才表达和素质教育)。

第二学年有4门军事专业课程。

主要是:导航课(识图绘图和海洋气候要点)、海军工程课程(舰只构造和航船材料)、海军学术课(驾驶知识和雷达领航)、领导能力课程(心理学和行为理论)。每年暑期来临的时候,学员要到大西洋舰队、太平洋舰队、地中海舰队和西太平洋舰队去进行夏季海上训练,以熟悉海上生活、舰上的组织与相互关系和舰上武器装备以及未来的工作环境。

第三学年有6门军事专业课程。

具体为:导航课(天文导航、各种坐标系统和导航三角的解法)、海军武器系统课(探测、计算、跟踪和火力控制)、海军工程课(矿物燃料蒸汽推进器、燃气涡轮机的工作原理、热力学基础)、海军电力设备课、海军电子设备课、领导能力课(职责与权限、领导艺术和机构职能)。暑期,学员到各个海军基地去熟悉航空兵、潜艇、水面部队以及海军陆战队。

第四学年,学员主要学习武器系统课(武器系统设计原理)、法律课(军法中的程序法和实体法、个人职责等)。

学员在最后一个暑期中随舰队进行海上训练,参加下级军官的海上执勤。学员们要在导航、天体观测和判定舰只位置方面进行广泛的实习,并填写航行训练日志等。

美国海军学院学员毕业后根据所学专业和部队需要进行分配,毕业时授予少尉军衔,同时授予学士学位。所有身体健康的毕业生都将投身到海军和海军陆战队的广阔天地中去,身体条件不宜服役的毕业生中的大多数人将被分配到诸如情报、后勤或土木工程等部队工作。

根据学员入校时签订的协议,规定学员在毕业后须当即接受任命,在海军或海军陆战队的正规部队中任军官,至少服役5年。如果毕业时未被任命为军官,或在毕业任军官以后8年之内辞职并获批准,则需接受任命在海军或海军陆战队的后备役部队中任军官,从毕业时起满8年为止。

学员要求

学校对学员的要求十分严格。入校后的4年,学员生活很不轻松。

所有学员都编入学员旅。四年级的学员任学员军官。学员旅中的大小单位,从旅到排,都由学员军官担任指挥官和参谋人员。学员军官在任旅长和营、连长的军官的密切监督下,由三年级的学员协助,管理整个学员旅。

新生从每年7月初入校起,即处在不间断的监督和教导之下。对于新生来说,第一年既是考验也是培养。

学校注重在严格的生活日程和繁重的事务中,让学员尽快了解军队,迅速提高领导能力。

学校要求每一名新学员都具有模范的军人仪表与举止,能自我约束,学会安排时间并有效地工作,能在压力下高效率地完成任务,能迅速正确地判断情况并作出反应。

二年级学员在暑期的海上训练中要接触海军和海军陆战队的士兵,参加各种舰上作业和值勤。

三年级学员在暑期中,除用本校的训练巡逻艇进行操作和战术训练外,还要初步了解海军和海军陆战队的各个兵种,包括参观并乘坐核潜艇、现代化的驱逐舰和两栖舰只,到舰队战斗训练中心熟悉各种作战系统,乘坐海军的教练机和作战飞机,听取海军陆战队的垂直包围、两栖突击和地面作战的介绍。

新学期开始后,三年级学员有一个重要工作,就是教导新学员。

学校还从这个年级的学员中挑选学员军官,在上年级学员不在时担任学

员旅的指挥任务。这些任务对于培养领导能力有很重要的作用。

四年级学员在暑期中有一部分随舰队进行训练，在舰上担任下级军官。另一部分随陆战旅进行空中与地面作战训练。还有一些人留校训练新学员。

在舰上担任下级军官的学员,要熟悉舰上军官的社交礼节与习惯,参加领航和桥楼值班,并到战斗情报中心和轮机间实习。他们对舰上生活的所有方面都要了解学习,在航行中通常要随舰访问外国港口。

暑期训练结束回校后,四年级学员要担任学员军官,在实践中运用所学到的领导技能。

低年级学员的军人举止仪表由他们负责指导;在检阅、典礼和日常的队列活动中,都由他们带领学员旅;学员在班克罗夫特大楼的值班也由他们组织。

每个学年要在四年级学员中安排三套学员军官，使多数人都有取得领导经验的机会。其中在“授衔周”带领学员旅的(即第三套)学员军官,由司令官本人挑选。

学员的最低品德标准是“学员荣誉准则”,即不说谎、不欺骗、不偷盗。此项准则由各个“连荣誉代表”组成的“旅荣誉委员会”负责解释与执行。

违反者通常是开除。但校方对学员品德的实际要求比这些内容多。学员所受到的言传身教,要求他们必须认识到共同的利益,懂得要建立

一个成员之间互相关心的集体，在遇到困难时、涉及道德的选择时，要作出正确的决定。他们要学会尽自己的职责，细心地照料下级，在所有情况下都在品德领导上达到高标准。这些要求都通过军事课、学术课和体育课来培养考验。

教学方式

美国海军学院在美国是令人向往的。有传闻称，来海军学院学习的多为美国富家子弟。但是，事实情况并非如此。

任学院总务的主任利丁就曾经毫不讳言地说，他父母并不富裕，对他来说，只有到安纳波利斯海军学院才有机会接受上流教育。当然，进入海军学院还需要有国会议员的推荐信（必备条件）。有些学员甚至是美国总统本人举荐来的，但是这并不意味着他们有优先入学的资格。例如，某一年共有14000人报考海军学院，结果只有1200人入选。

海军学院的秩序十分森严。在这里就读的基本上是美国中产阶级的子弟，学员们毕业后（学院的淘汰率为20%）将有可能跻身于美国最上流社会。

该院1947年的毕业生卡特后来就成为美国总统，并获诺贝尔奖；1873年的毕业生迈克尔逊因准确计算出光速也荣膺诺奖。

在学院荣誉校友册中还列有200名国会议员、500家美国大公司的总裁、3位参谋长联席会议主席、4000名将军以及54名宇航员。

20%的大一学员是女生。不过校方不会因为她们是女性而降低要求，美国海军女兵同男兵一视同仁。

古老而闻名的海军军官学校自1845年开始，以其丰富多彩的教学方式，为美国海军培养出了无数的优秀人才，被誉为美国海军军官的“摇篮”。

学校建校160多年来，近7万名男女学员成功地完成了海军军官学校的学习任务，在美国海军中愉快地胜任着各种职务，许多毕业生功成名就。

美国海军学院毕业生长期以来是美国海军正规军官队伍的“骨干”和“中坚”，占美国现役军官总数的18%，毕业生服满规定的5年服役期继续留队者约占毕业生总数的60%。

在海军职业军官中（通常指军龄在10年以上者），该校毕业生约占50%。他们在进高一级院校深造和晋升方面，通常都处于优先地位。

160多年来，该校毕业生在海军将官队伍中一直占最大比例，素有“未来海军将官苗子”之称。美国历史上著名人物和海军将领如马汉、杜威、西姆斯、尼米兹、哈尔西、勒热纳、斯普鲁恩斯、斯托克代尔、伯克和里科弗等人均毕业于该校。

美国历史上第一个诺贝尔奖金获得者米切尔森和美国前总统卡特、布什亦是该校毕业生。这些人物的人生旅途都曾以安纳波利斯为起点。对美国海军学院的广泛影响,美国前海军五星上将哈尔西·菲尔德评述道:“在美国,每个来自美国海军学院的毕业生,或者不是,在其军事生涯中,都感觉到了美国海军学院的影响。美国海军学院潜移默化的影响遍及整个海军。”

美国海军学院为美国海军培养了许多优秀人才,其中有著名的军事理论家,有叱咤海洋的军事将领。马汉和尼米兹是他们当中的典型代表人物。

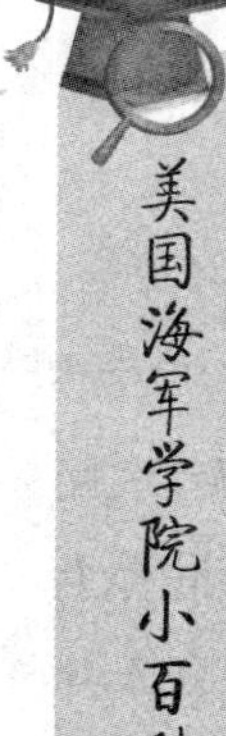

美国海军学院小百科

从美国首都华盛顿出发,驱车东北而行就到了安纳波利斯。此港镇地处塞文河口,濒临切萨皮克湾,面朝浩瀚的大西洋,风光壮美不俗。来自天南海北的人们,有的是观光,有的是访古,更多的是慕名而来。这里曾培育出众多的海军将领,他们在美国海军史上被视为颗颗明珠,熠熠生辉。

海军理论的奠基人马汉,驰骋太平洋战场的尼米兹,美国的核潜艇之父里科弗,还有著名海军将领杜威、西姆斯等。

第三课 美国海军海豹突击队

从学业、道德伦理、领导才能和体能几方面培养学员；灌输责任感、荣誉感和忠诚感。

基本简介

美国海豹突击队(Navy Seals)，全称为美国海军海豹突击队，隶属于美国海军。世界十大特种部队之一。美国海军海豹突击队是世界上最为神秘，最具震慑力的特种作战部队之一。至今外界也很少有人知道海豹突击队会在什么地方执行任务、什么地方作为训练基地等等，然而这支神秘的力量总是在国家最需要他们的时刻出现。对外披露的消息是，全美军只有200多名现役海豹突击队战士，他们个个文武双全，体魄强健，因为主要是夜间执行任务，对视力要求

不亚于战斗机飞行员。进入海豹突击队,学员要通过被认为是世界上最艰苦最严格的特别军事训练,而且有时训练完全是真枪交火,学员们在超常的困境中培养锻炼毅力和团队作战的能力,最后70%的学员要被淘汰出局。因此成为海豹突击队的战士是一名美国军人的最高荣誉。

自1962年肯尼迪总统亲自组建美军特种部队以来,无论是执行任务还是训练,海豹突击队都凭借出色的表现而成为特种部队的传奇。他们几乎参与了每一次重大的现代战争和军事反恐事件。如击杀了本·拉登。

建队初衷

海豹特种部队的起源可追溯至二战时期的侦察与突击部队和海军战斗爆破队。第一批侦察与突击部队的训练课程于1942年5月的佛罗里达州展开,最初目的是能够建立一支利用小型船只渗透敌区以汇集情报的特种部队。参与训练的单位来自陆军和海军,他们花3个月的时间进行侦察与爆破的严格训练。二次大战期间该部队在欧洲与太平洋战区完成多次渗透与潜入的艰巨任务。侦察与突击部队于战争结束时解散,但是其作战技巧成为今日海豹特种部队战斗准则的基础。

海军战斗爆破队成立于1943年6月6日,它可以说是美国海军蛙人的始祖。当初成立的目的是能够建立一支两栖登陆的先遣部队,对敌岸滩头进行扫雷与破坏防御工事,以便后续的主力部队能够顺利登陆。初期人才的甄选与训练方式均由考夫曼将军负责策划,兵源多来自海军的工程与建筑部门,训练内容包括炸弹的拆解,爆破,两栖侦察与著名的“地狱周”耐力训

练。今日海豹队的训练课程就是由当时所制定，因此海军尊称当年负责策划的考夫曼 将军为“水中爆破队之父”。

任务类型

海豹突击队的任务需要详细的计划和精确的执行。经过训练，海豹突击队员主要执行以下5类任务：

非常规战争(UW)——使用游击战术。游击战的特点是小规模的机动战斗小组采用非常规战术作战，包括破坏敌军供给、实施佯攻、伏击小股敌军、进行爆破以及其他“打完就跑”的行动。

境外内部防卫(FID)——为建立友谊而为外国人提供训练。在沙漠风暴行动中，海军海豹突击队员对13名科威特人进行了海上渗透技能培训，目的是同伊拉克占领下的科威特城内的地方抵抗力量开展秘密会谈。

直接行动(DA)——正对着敌军目标前进。任务可能包括袭击陆上或水上目标、解救人质、伏击敌人等等。

反恐行动(CT)——包括针对恐怖活动的直接行动，以及阻止恐怖活动、保护市民和军队的反恐行动。

特殊侦察（SR)——包括进行旨在收集信息的初步勘查、配备观察岗以及其他类型的监视活动(包括以收集信息为目标的公开监视和隐蔽监视)。这可能包括收集水文地理数据(海滩和水文勘查)，以便于登陆或跟踪敌军并报告其方位。

在海豹突击队没有接到任务时，会持续进行训练，在巩固基本技能的同时学习新技能，让他们在接到任务时更加游刃有余。

部队历史

追踪海军海豹突击队的历史，要回溯到1943年春，从海军正规军的志愿者中挑选出来的精英组成了这支部队的第一代，当时被称为“海军战斗爆破队”（NCDU——Navy Combat Demolition Units）。这支部队的任务是负责海滩侦察并在主力部队登陆前清除障碍，逐步发展成“水中战斗侦察组”（CSRU——Combat Swimmer Reconnaissance Units）。第二次世界大战使NCDU威名远扬，无论大西洋战场还是太平洋战场，都成为他们军事表演的舞台。

1947年，海军成立了第一支水下爆破组（UDT——Underwater Demolition Teams），担负起破坏近水的桥梁和隧道的任务以及一些海港和河流的扫雷工作。20世纪60年代，每个军种都成立自己的特种部队，海军将UDT重组为海豹突击队特种部队。

1962年1月，海豹I队被分派在太平洋舰队，海豹II队被分派在大西洋舰队。这些部队承担针对蓝色水域（海洋）和褐色水域（江河湖泊）的非传统的特殊战斗、反游击战斗和秘密战斗的任务。同时，建立了海军军事支

持部队（Naval Operations Support Group）以及另外两个独立的单位——支持船队（Boat Support）和海滩工作组（Beach Jumper）——来辅助UDT和SEAL，在调度、计划、侦察和行动中给予支援。在越战中，UDT担负侦察任务，SEAL则担任攻击角色。1967年，海军军事支持部队更名为海军特种部队（NSWG——Naval Special Warfare Groups），逐渐参与了更多攻击和特种任务。

1983年，UDT被改编成SEAL部队或SEAL运输部队，使水下侦察和突击都成为SEAL的任务。2004年4月16日，海军特种部队指挥部计划在佛罗尼亚海滩建立现代化的海军两栖基地，其职能是为海军特种部队的任务做战前准备，分派行动任务以及研究特种兵作战理论和战略战术科学。

入伍条件

要成为一个海豹部队成员并不容易，甄选者必须得先通过基本水中爆破训练（Basic Underwater Demolition SEAL school,BUD/S）以及专业的海豹资格训练（SEAL Qualification Training,SQT），最后才能佩戴与显示海豹部队的佩章，也就是海豹三叉佩章，这枚佩章已经不仅仅是代表整个海豹部队，间接也成为广为容易辨识美国特战部队的佩章之一。海豹部队为了与支持他们的单位相吻合，成员们须穿着战斗军服的修改版本（Battle Dress Uniform,BDU），然而，在海豹部队参与越战时期，队员们执行的巡逻任务，队员穿着老虎条纹的衣服、经常与平民们穿着蓝色牛仔裤、“珊瑚”军靴（貌似运动鞋，其实是特种作战的军靴）。

组织结构

一个海豹队伍当中包含3个40人的工作单位，而每个工作单位包含一

个总部，一个总部又由一个工作单位中校(O–5)、一个工作单位资深入伍士兵(E–8)、一个策划目标/行动军官(O–2/3)以及一个目标/行动三级士官长或是上士(E–6/7)，而在总部底下又有两排各16人的士兵（包括两名军官、14名入伍士兵，有时会有两名EOD执行长而变成18人）以及一个支援人员。每个工作单位在作战目的上可以轻易分为4个小组或是8个4人火力小组，每个海豹队伍与工作单位以及支援人员的规模相当接近，大约300名人员。每个一排16人的士兵中，包含一名主管 (OIC，Officer in Charge，通常是O–3)、一名副主管(AOIC，Assistant Officer in Charge，通常是O–2)、一名排长(E–7)、一名上士(LPO，Leading Petty Officer，E–6)，剩余的人范围约从E–6至E–4（上士至下士）。而偶尔也会有3O的人员，这3O意指首次操刀部署的少尉(O–1)，所以有时一排就由3名士官以及13名士兵组成。

一个工作单位的核心包括狙击手、破坏者、沟通者、航海工程师、医护兵、密接支援、领航员、主要载具驾驶、重型武器操作兵、机密地点开发人、空中作战士官、攀爬领导人、导航驾驶、审讯人员、爆裂物处理人员、技术监督、进阶特殊作战。

至2006年为止，有8支海豹认证队伍，原本的海豹部队分为位于西海岸的海豹第一队伍以及位于东海岸的海豹第二队伍，而目前现役的海豹部队则是分为8支队伍，包括第1、2、3、4、5、7、8、10队伍，这些队伍部署为海军特战分遣舰队，每一支队伍都可以任意在世界各地部署，每一支队伍都由一名海军中校(O–5)下令，每个队伍还有一些海豹部队作战排以及一个总部。1987年，海豹部队第六小队正式命名为"海军特战开发团"，但是还是有许多人称呼为海豹六队，海豹第2、4、8、10队伍

驻扎于维吉尼亚州维吉尼亚海滩上的Little Creek海军两栖基地。

美国海军特种作战部队包括海军特种战斗群，位于加州科罗那多基地。每群各包含两支海豹小组，加上三支特艇部队、一支海豹小组车辆运送小组和一支轻型攻击直升机中队。此外，也有各种无数的海军特种战斗单位的海豹部队于苏格兰、菲律宾和葡萄牙执行勤务。部署的全部细节显然是机密的。一个完整的海豹小组有27名军官以及156名士官和分为5个排的士兵。海豹部队第6分队——美国海军的反恐怖分子单位——隶属于三角洲部队，并且在联合特种作战指挥部的管辖下。

主要特点

海豹突击队的任务涉及国家头等机密，因此一般很少报道。海豹队员以一、两个人为一组，最多不超过16个人的作战排进行训练和执行任务，其中以8人以下的作战班最为普遍。所执行的任务也是绝对保密的——周密到极小细节的计划和迅如闪电的行动。即使在和平时期，海豹突击队仍然如临战一般训练，因为只有在训练场多流血汗，才能保证战场上的更低伤亡率。海豹突击队队员有三件随身战斗工具，一件是美国斯特赖德(Strider)战斗刀，一件是美国休·费尔(SureFire)战术灯，一件是鲁美诺斯军表(luminox)。

队徽意义

海豹队徽是由一只老鹰两脚各抓一支枪与鱼叉围绕着海锚所组成。

海锚代表美国海军,老鹰则代表美国自由的精神,枪象徵着捍卫美国的坚定信念,鱼叉则代表海豹蛙人在海上战斗的本能。

主要战绩

海豹部队是美国精锐三栖作战部队,极受他特种战斗单位的敬重。这个单位是旧的水中爆破大队的产物，海豹部队的任务是秘密地侦察敌人防守的海岸线——特别是美国海军陆战队可能登陆之前。然而海豹部队的重担已延伸至包括各式各样的特种作战。某些海豹部队的任务是夺回美国已知被关在遥远的丛林战俘营中的战俘。他们确实查出数个这样的集中营,救出许多遭囚的南越人,但是越共总是能使他们的美国战俘秘密地失去踪迹。

海豹部队在亚洲的显赫战斗纪录，使他们免于在东南亚撤兵后遭受与美国陆军特种战斗单位相同折磨的抑郁。在20世纪80年代中期时,仍然有37个排的海豹部队,所有单位皆能独立行动,且到1990年其数量已达50个排。美国特种作战指挥部现计划将其增加到60个排。

海豹部队联合陆军特种部队和三角洲部队于1989年进攻巴拿马。当海豹部队试着破坏诺列加总统的逃亡计划时遭到强烈的抵抗——那是停于帕提拉机场的一架李尔式(Lear)喷射机——在与巴拿马部队的作战中有4名海豹小组成员阵亡,但最后还是将目标物摧毁。

在海湾战争时,海豹部队在地面战争未开始前便在科威特海岸边巡游,以监视伊拉克防卫部队。伊拉克从未察觉海豹部队的存在,他们的报告使盟军指挥官相信一项两栖突袭登陆可能会极具危险性——但却值得

尝试，因可使海珊相信海军陆战队仍然试图登陆。在1991年2月23—24日晚间，6名海豹小组静静划至岸边，他们以快艇上的机关枪扫射伊拉克防卫部队先前设置的炸药。伊拉克部队向黑暗中盲目地开火，当海岸因一连串的爆炸而震动时，他们早已潜入水中。当海豹部队悄悄溜走时，伊拉克更多的部队赶至海岸，以便与似乎正在进行的登陆交战；同时盟军则以装甲部队开始攻破伊拉克南方的防线。这是一次优秀的牵制行动，充分地显示少量，但有决心的人员如何达到与其极少的数目完全不成比例的结果。

2011年5月1日，海豹部队在巴基斯坦境内击毙基地组织领导人本·拉登。

训练条件

要进入海豹部队的训练是自愿性的，每个人都可以自愿训练，而且不论军官或是入伍士兵都是一同训练，但是进入海豹部队的训练前，一定要有下列的必备条件：为美国海军现役男性成员；年龄在28岁或以下（29-30岁要求免责声明书）；为美国公民或归化入籍人士；通过ASVAB测试（军事职业能力倾向成套测验，文化考试）；拥有未矫正的视力，一眼不得低于20/40，另一眼不得低于20/70，若是佩戴隐形眼镜或著一般眼镜须至少20/20，至于色盲人士必须签下放弃书。

UDT准备从小艇跳跃海豹部队的入伍训练有以下的项目，训练时间长达48周（或11个月）：25周的基本水中爆破训练（Basic Underwater Demolition/SEAL，BUD/s），地点位于加州圣地亚哥的Coronado海军特战中心。1周的静态绳索跳跃训练，接下来是3周的军队自由落体资格训练（MFF Qualification Training），地点位于加州空军技术作战中心。19周的海豹资格

训练(SEAL Qualification Training,SQT),地点为科罗拉多。通过训练后,受训者即可成为海豹部队正式队员。

不过要进行BUD/s的训练还得先通过PST训练,以下是最低限度:500码的长泳,使用蛙泳或是侧泳11分30秒内完成。2分钟内至少做42下伏地挺身。2分钟内至少做50下仰卧起坐。至少做6下引体向上(悬挂)。11分钟内跑至少1.5英里(约2千米),穿着运动鞋以及短裤。成员视力双眼不得低于20/20,需矫正至20/20,海豹部队备选者需做PRK矫正手术矫正视力。

以上是进入BUD/s的必备条件,不过身为一个受期待的受训者,必须远远超出上述的条件,以下是较具竞争性的项目:500码的长泳,使用蛙泳或是战斗侧泳于7分钟至8分半内完成。2分钟内100下伏地挺身。2分钟内100下仰卧起坐。15–20下引体向上(悬挂)。8分半至10分钟内跑1.5英里(约2千米),穿着靴子以及长裤。

训练项目

当一个准海豹突击队员取得参训资格时,真正的乐趣就开始了。

基础水下爆破/海豹突击队(BUD/S)训练分几个阶段:1. 训导。2. 基础训练。3. SCUBA训练。4. 陆战训练。还有一个臭名昭著的地狱周,是

在基础训练的末期进行的。

BUD/S训练持续7个月。开始的训导阶段要讲授海军海豹突击队的目标和方法，历时5个星期。更重要的是，这是为下一步做好体能和精神准备的时期。

训导完成后，剩下的时间被划分为8个星期进行基础训练、8个星期进行SCUBA训练、9个星期进行陆战训练。训练在位于加利福尼亚州科罗那多的海军两栖基地进行。

基础训练的日子非常难熬。在这个阶段主动要求放弃(DOR)的学员数量是最多的。在8个星期的时间里，学员们的生活中充斥的是跑步、游泳、体操和学习驾驶小船。1—3千米的海洋游泳和难度极高的障碍跑课程是每日定时的家常便饭。学员完成这些练习所需的时间必须不断减少。

BUD/S障碍课程

基础训练的另外一个重要部分是防溺。在这项操练中，学员们必须学习手脚都被绑着去游泳。要通过防溺这一关，学员必须进入一个2.74米深的水池并被绑上手脚，然后完成下列动作：

1．上下漂动5分钟。

2．漂浮5分钟。

3．游100米。

4．上下漂动2分钟。

5．前后翻转几下。

6．游到水池底部并用牙齿取回某样东西。

7．返回到水面并再上下漂动5次。

另一个项目是魔鬼冲浪，也称作“冷水训练”。水温通常在18摄氏度左右，绝不会超过20摄氏度。这项训练可能命令学员穿着湿衣服和湿鞋子做操，或沿海滩跑上一千米多。然后又命令他们返回开始冲浪。在许多练习中，会要求各小组在完成一个任务后奔赴执行下一个任务时把橡皮艇扛在头顶。

基础训练的第四周就称为地狱周。学员们将训练五天五夜，而最多只允许睡四个小时。地狱周从星期天日落时开始，到星期五最后一刻结束。在此期间，学员们将面对不间断的训练操练。地狱周期间，学员们每日四餐——有时是军用即食口粮，但通常是无限量供应的热食品。学员们享用

这些热食品，驱取寒冷和湿气。它给疲惫的学员们提供了精神动力，许多学员在吃饭时已经昏昏欲睡。

在地狱周的几乎每项操练中，都包括同一个内容：每个组（或船员）把船——也就是充气橡皮艇——顶在头上。定时的训练、跑步和在泥地里匍匐前行，都穿插在这五天半时间内进行。地狱周期间退出的学员最多。当然这种极限训练也是至关重要的。突击队员在执行任务时必须能够高效行动，毫不顾及零下的温度和他们自己的身体舒适。他们自己以及其他人的生命安危可能就靠这种训练了。

听清命令是BUD/S中的另一项关键训练，特别是在地狱周中，大脑因为缺乏睡眠而昏昏沉沉的时候。教官可能故意遗漏某个命令的一部分，以测试哪些学员在真正聆听。例如，在要求学员小组使用一根136千克的木头进行练习的系列命令中，他可能在某个命令中故意漏提这根木头。注意力集中的小组领队能够发觉到这一点，由于不再需要扛木头，他们小组就能稍稍降低执行任务的难度。教官可能会奖励该小组，允许他们站在火旁休息一会或者坐下来睡几分钟。

海豹突击队的大部分任务是在水下完成，因此SCUBA（自携式水下呼吸器）和泅渡就成为训练中最优先的内容。海豹突击队员们接受闭路SCUBA系统和水下航行方面的训练，历时8个星期。

在陆战训练中，海豹突击队员训练9个星期，内容包括情报搜集、潜入建筑、远距离侦察和巡逻以及近距离战斗。他们的训练内容还包括应对狙击手攻击，使用“有刃”武器，比如匕首和其他刀具。

突击队员必须能够驾驶任何车辆，并擅长高速逃逸驾驶技术。在这一阶段的训练中，还传授徒手肉搏技能。

为应对可能的任何情况，还会向他们传授一些小组必须使用的战术，包括处理爆炸物、渗透敌军防线、活捉（擒拿）技能以及正确处置战俘。突击队员还必须能够在极端环境中生存和提供医疗（野战医疗）。

BUD/S训练结束后，那些未被淘汰的学员就投入到在佐治亚州本宁堡的陆军空降学校进行的基础跳伞训练中。

这项训练持续3个星期，然后进行海豹突击队资格训练（SQT）。SQT是历时15个星期的训练，期间学员继续提高基本技能，同时学习所需的新战术和新技能，以完成委派给海豹突击队的每个排的任务。

胜利完成SQT后，学员被授予海军征募代号并获颁海豹突击队三叉戟徽章。他们现在就正式成为海军海豹突击队的队员。在此阶段，医院医务兵需要另外进行30个星期的训练。

特殊侦察和直接行动中提供了进一步的训练，突击队员可以学习完成如下任务的更多技能：埋伏、狙击、近距离战斗、水下爆破、泅渡攻击、紧密空中支援、海军炮火支援、奇袭、水文勘察。

挑选训练

“海豹”部队的训练基地在圣迭戈市郊科罗拉多岛，即海军两栖训练基地的“水下爆破基础学校”。海豹小组的训练是令人惊讶的困难，超过半数的志愿者会失败，且照趋势看来是无法维持此比例的。它要求的精神强

韧度等同于肉体支持力量；在恶名昭彰的“地狱周”期间（课程中的第6周），学生们在6天中只得到4小时的睡眠。海豹小组的课程包含了所有方面的两栖侦察和突击，加上高跳低开与高跳高开伞兵降落技术。

志愿加入“海豹”部队的成员，都要经过严格的选拔过程，应试者都必须熟习泳技，心理承受能力高。水下爆破基础学校的训练课程分三个阶段进行，包括入门课程。第一阶段的训练主要是激发学员的心理和身体能力，增加团体意识；第二阶段是训练游泳；第三阶段是登陆作战训练。水下爆破基础学校的淘汰比例非常高，约20%的人因学科方面不合格而被淘汰。

在水中爆破队成立之初，队员的工作是背负着大量的炸药进行长距离游泳，而现在他们必须使用最新的武器与复杂的机械装备，熟记更多的资料。在水下爆破基础学校的训练结束后，“海豹”队员进入陆军伞兵学校或海军航空技术训练中心，而后再加入某一“海豹”部队或“海豹”运输部队，接受进一步训练。新兵在加入作战行动队伍之前，必须完成所有“海豹”战术训练课程。

武器装备

海豹小组最常见的个人武器是H&K MP5 9毫米冲锋枪。它有许多种版本可以获得，对特种单位非常理想。自从海豹小组成为拒绝陆军颇受争

议的M9手枪——贝瑞塔92授权生产之版本——的众多单位之一后，就使用过各种手枪。海豹小组在一故障的滑套夺去某人数颗牙齿后，便将贝瑞塔抛下。现在采用的手枪包括瑞士西格-绍尔、H&K和柯尔特M1911。在长距离射击时，海豹小组使用竞赛级的M14 7.62×51毫米步枪，Mk.12 Mod 0/15.56×45毫米特种用途步枪，雷明顿700 7．62×51毫米狙击步枪或巴雷特M82系列12.7×99毫米半自动反器材狙击步枪或麦克米兰.50口径(12.7×99毫米)非自动狙击步枪。夜视装备是十分重要的，因为他们有许多工作需要在夜色的掩护下实行：现知海豹小组是使用AN/PVS—7夜视镜和AN/PVS—4夜间瞄准镜。

对水上渗透而言，海豹小组使用黄道F-470橡皮艇，可乘载7名人员。动力是舷外马达，它们都非常低小且难以发现。其他船艇包括11米的玻璃纤维海狐狸特种战斗艇，以供高速海岸袭击。这是为了取代一般的水肺装具，海豹小组使用封闭循环系统，因其不会留下众所皆知的气泡。在长距离水中移动方面，海豹小组使用潜水运送载具：MK6携带4名潜水员而MK9搭载2名。这些皆由两艘艾伦级前核子导弹潜艇来执行。

海湾战争期间，海豹小组在伊拉克和科威特境内的沙漠中乘快速攻击车辆(FAV)以每小时129千米的高速巡回。这些价值50000美元的沙丘4

轮车是采用越野竞赛车，装备M60机关枪、M1940毫米榴弹发射器和AT-4反坦克火箭，它们是海豹小组的武器中值得一看的附加物。海豹小组的FAV是盟军第一批进入科威特市的军事车辆。

据说海豹突击队的“侦察步枪”最初是海豹的军械员自己动手做的，后来海军地面战斗中心克兰分部（NSWC-Crane）也开始进行改装，这些“侦察步枪”是为海豹狙击手提供一种轻型的M4式狙击卡宾枪。当时SPR计划正在进行，显然当时的海豹队员们对SPR的表现感到失望，所以才自己动手做更适用的武器。

由于目前“侦察步枪”仍然十分神秘，可以证实的图片暂时没有见到过，据说有些第一手资料中称其为“Recce步枪”（发音“Becky”）。具体的参数和Crane“生产”了多少件这种武器仍是未知的。据说NSWC-Crane打算生产更多的“侦察步枪”，但一些海豹队员认为是浪费精力和金钱，所以这项计划现在已经基本中止。但又有另一些消息说“侦察步枪”已经发展到绘制蓝图的阶段，就是说准备上生产线了。

单兵装备大约有70磅的战斗载荷，包括：一个激光光学瞄准具、一把SIG-Sauer手枪、一根Breacher战术撬棍、无线电通讯器材、装了水和电池的维持包、M4突击步枪（具有频闪召唤和夜视镜）、一个医疗箱和头盔、弹药携带背心和红外线隐蔽防弹衣。

信念伦理

“在战争或非战争时期，要对于国家、队伍单位、队友满怀尊敬与忠

诚。永远领导、永远跟从、永不离弃。对自己对于队友或者任何事物的行为负责,不论纪律或是创新都要比一个勇士突出。为战争训练、为胜利争斗、为国家抗敌,每日为海豹三叉而奋斗!”

“在战争或是非战争时期，将会有一类特种士兵准备听令国家指挥,而一个平凡的人将会以不平凡的想法成功。他在逆境中锻炼,他与美国杰出的特种部队同一边,为美国、为美国人民服务,并且捍卫他们的生命!而我就是那一个人。”

“我的海豹三叉是忠诚以及命运的象征,也代表着我是被以前的英雄所赋予,而且包含着唯一的真相就是我必须誓死捍卫。当我带上了海豹三叉佩章时,我也同时接受了这样的使命并且将它作为我一生的职业。这样的殊荣是我每天必须努力争取的。”

“我对于国家以及队伍的忠诚远深于责斥,我则是要捍卫同国家的美国人民，尤其是那些无法保护自己的人。我并没有替我职业的本质打广告，也没有寻找我行动的认证，我自愿接受这样危险的工作作为我的职业,我必须视其他人的幸福与安全比自己重要。”

“不论是否在战争时期，我始终保持忠诚之心。我的情绪以及动作的控制能力,不论在任何情况下,都能区分我与其他人的不同。坚定的正直之心是我的标准原则,我的角色以及忠诚是至死不渝,我所说的字就是我的保证。”

“我们期望能够领导队伍或者被领导，在缺乏命令的情况下,我将会掌管队伍、领导队友完成任务,在各种情况下我将会照着例子执行任务。”

“我将永远不离弃，在逆境当中坚持自我并且逐渐茁壮，我的国家期待我能比敌人不论是生理上或是心理上都能够更加健壮，如果我被击倒了，我将会寻求支援。我将会用我剩余少量的体力保护队友并且完成任务。战争当中绝对少不了我。”

“我们要求遵循纪律，我们期盼任何革新。队友的性命以及任务的成否将依赖在我身上——我的专业技能、战术熟练度以及我对于详情的注意。我的训练从来没有停止过。”

“我们为战争而训练、为胜利而争斗。我将会为了完成任务以及国家确立的目标，带来满满的战斗能力准备征战。当我所捍卫的道德所引导的命令下令时，我将会快速并且猛烈地完成我的责任。”

“一个勇敢的战士在战斗时丧生时，将会建立起骄傲的传统并且让我义务维持的名生产生敬畏。在最坏的情况下，队友所遗留下的信念，将会增强我的决心并且隐隐地指引我完成每一个行动，我不会失败的。”

行动地区

海豹部队队员必须准备在沙漠上应战，尤其在美伊战争时期更显重要。在沙漠作战主要考验海豹部队队员的身体和心理能力，在广阔的沙漠当中为了适应环境，交通工具通常选择悍马车或是轻型沙漠巡逻车(DPV)，不过在恶劣的沙漠当中要隐藏自己并且融入环境对于海豹部队队员来说是一件相当困难的事。而且身为一个海豹部队的队员必须了解到在沙漠中水袋是必备的。

在北极的训练倒是可以训练许多配备的使用以及求生技巧，海豹部

队队员必须铺折衣服、夜晚行动、睡在雪屋当中、配备三种工具或者是拉雪橇来行动。三种工具当中的第一种工具是所谓的求生工具，包括信号工具、紧急干粮、备用品、E&E包、地图、指南针、手电筒以及一种放置于手枪皮套的小型武器。第二种工具主要是配备，包括主要武器与弹药、短期补给、手榴弹、水、烟幕弹、火炬或是其他各种工具。第三种工具则是放置在帆布背包的配备，包括睡袋、地面护垫、帐篷、长时间行动的粮食、瓦斯炉等炊具、干袜、水罐等。而某些登山配备也会被放置在第三种工具中，每个队员也会携带个人的冰斧和雪鞋。其他北极时的任务包括在冰水中潜水、骑驶雪车、滑雪等。

海豹部队于树林中进行任务在森林及丛林中对海豹部队队员麻烦的就是难以进行演习，基本上队员们都会习惯配备一把大砍刀，必须尽速将长叶子砍除，另外也会配备一把霰弹枪以进行近距离交锋，侦察兵一般都会花比较多的时间，因为树林当中毕竟难以进行演习。

一个海豹部队的队员在帆布背包内会携带三种工具，一般工具包括绳索、登山用铁锁，不过小组会分散这些东西以避免重量过于集中在某一队员身上。每个队员也会携带坐式吊带，在小组领导或是尖端的人，通常是经验丰富的攀爬者，这种人会先爬上树并且设置路线，当爬上顶端时会使用顶绳固定住并且将剩余的抛到树下的队友，而且会在队友爬上时进行掩护，这工具通常会Jumar一起搬运。而这危险的任务通常是必须要快而且隐秘，领导的队员必须仰赖他的体力以及他攀爬的经验在黑暗中找寻最佳的路线。

对于海豹部队的队员来说，海洋是再好不过发挥的舞台。在海洋中，海豹部队可以任意进出，并且在水中策动攻击活动，这也是为什么海豹部队会在其他特种部队中容易被识别的原因。而且海豹部队也拥有多种配备以及水中工具以策动水中任务。

海豹部队会以许多形式从天空降落，例如使用静态绳索、自由落体空降、从直升机上借由绳索快速着陆、空中垂降，或是直接自直升机跳入海中，海豹部队也会借由空中运输单位借机着陆。

著名队员

罗伊·保汉——海豹第二小队的第一任指挥官，被全体海豹部队队员尊为教父。

迪克·考契——越战后备军人，1969年BUD/s第45班。

史考特·海文斯顿——海豹部队历史上最年轻完成BUD/s训练的队员，不过在2004年于伊拉克殉职。

汉瑞·汉费瑞斯——好莱坞演员。

理查·马辛克——海豹部队第六小队创办人。

艾瑞克·普林斯——美国黑水创办人。

西奥多尔·罗斯福四世——美国总统西奥多尔·罗斯福的曾孙，BUD/s第36班。

麦可·穆肃——战争当中扑向手榴弹牺牲自己而拯救其他3名队员。

海豹突击队传奇人物

理查德·马辛科生于美国宾夕法尼亚州，毕业于新泽西州的美国荣誉海军学校，在1958年入伍。1967年5月18日，马辛科率领他的部队攻击宜朗岛并消灭了大量敌军，摧毁了6艘敌方舰艇。几个月之后马辛科回到美国，成为海豹突击队第二队八排排长并率部重返越南协助美国陆军特种部队发动春季攻势。由于任务完成出色，马辛科被提升为上尉并于1973年被任命为美国海军驻缅甸大使馆武官。18个月后任期届满后马辛科被提拔为海豹突击队第二队指挥官。

在1979年伊朗人质事件中，马辛科成为美国反恐部队参谋长联席会议代表，这个部门的主要目标就是制定武力解救被伊朗扣押的美国人质。马辛科由此开始全职建立和发展专业反恐部队。他是美国海军海豹突击队第六队的第一任指挥官（当时美国海军只有两支海豹部队，但马辛科将他的部队命名为第六队就是为了迷惑敌对国家的情报部门，使他们错误估计他的部队编制，认为还有其他5支秘密部队）。海豹六队的成员全部由马辛科在海军特种部队中亲自挑选，并成为美国反恐特种部队的前身。

此后马辛科由海军副司令詹姆斯·里昂斯将军（绰号“王牌”）直接领导，他受命于1984年建立一支绝密的特种部队，其任务是模拟敌对国家或组织对美军基地等设施进行攻击、破坏，以测试其防卫能力、找出防卫系统的漏洞，从而加以补救，这支部队代号为“OP-06D”，绰号“红细胞部队”。当时它的成员一共有13人，其中12人来自海豹六队，一人来自海军陆战队侦察部队。

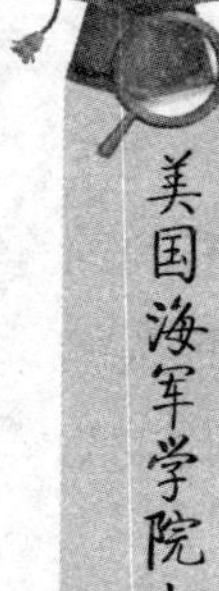

美国海军学院小百科

战后，切斯特·威廉·尼米兹任美国海军最高军事指挥官——海军作战部长。

1966年2月20日，尼米兹在旧金山附近逝世，终年81岁。

尼米兹以他在二次世界大战期间在太平洋战场所铸就的辉煌而载入史册。

海军军官学校为了纪念这位对美国海军作出卓越贡献的1905届毕业生，将学校图书馆命名为尼米兹图书馆。

第四课　美国海军学院名人榜——尼米兹

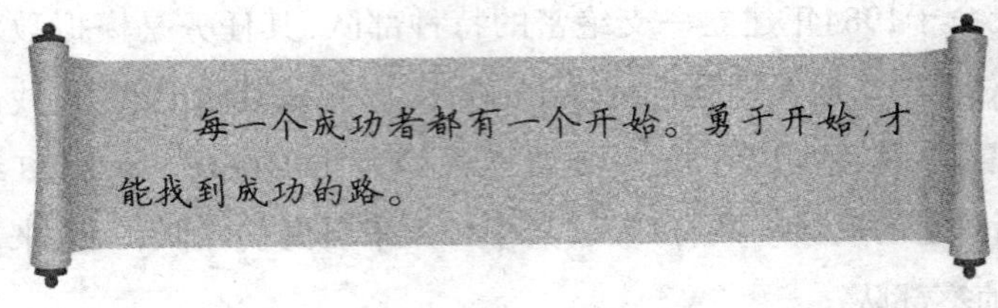

五星上将

切斯特·威廉·尼米兹（Chester William Nimitz，1885年2月24日－1966年2月20日），美国海军五星上将。第二次世界大战太平洋战争期间担任美国太平洋舰队总司令及太平洋战区盟军总司令，指挥美军及盟军对抗日军进攻及其后反攻。1945年9月2日代表美国在日本投降书上签字。

尼米兹早期以研究潜舰为主，而后成为美军中柴油引擎技术的专家，太平洋战争爆发后，尼米兹担任了美国太平洋舰队总司令、太平洋战区盟军总司令等职务，主导对日作战。

战后，尼米兹担任海军作战部长，一直至1947年退役为止。尼米兹于966年逝世，是美国最后一名逝世的

海军五星上将。美国海军为纪念尼米兹，而将其去世之后所建造的第一艘也是当时最新锐的航空母舰核子动力航空母舰以他为名，也就是日后的“尼米兹”号航空母舰。此外，夏威夷檀香山有以他为名的尼米兹高速公路。

传奇人生

1885年，尼米兹出生于美国得克萨斯州的弗雷德里克斯堡。1901年9月，尼米兹考入安纳波利斯的美国海军学院。

4年之后以优异成绩毕业，赴战列舰上实习。1907年1月实习期满即获海军少尉军衔，成为“帕奈”号炮艇艇长，同年7月又成为“迪凯特”号驱逐舰舰长。

尽管曾因工作疏忽大意而受到警告处分，但仍于1909年越级晋升为海军上尉并改任潜艇军官，先后出任“潜水者”号、“甲鱼”号、“独角鲸”号等潜艇的舰长，晋升上尉。

1917年8月，尼米兹海军少校由油料供应船副船长调任大西洋舰队潜艇部队司令罗比森的工程副官，受后者的影响而开始将主要精力集中到指挥和人事方面。1918年秋至1919年初，就任海军作战部潜艇设计委员会高级成员，此后出任“南卡罗来纳号”战列舰副舰长。1920年6月，奉命前往珍珠港修建潜艇基地。同年年底，晋升为海军中校，就任基地司令兼第14潜艇分遣队司令。

1922年，尼米兹进入海军军事学院深造。在听课和演习之外，广泛阅读战略战术著作、战争史、海军史和名人传记，接受了以航空母舰为中心的环形编队思想。尼米兹认为，这次深造比其他任何经历都重要，为他后来在战时担负指挥工作奠定了基础。1923年6月，尼米兹出任战列

【“潜水者”号潜艇】

“潜水者”号潜艇是现代潜艇的设计师爱尔兰人约翰·霍兰设计的第五艘潜艇，它是最早的电力潜艇，它用电动机推进。早在19世纪50年代，法国的一名工程师就提出了改装机械动力潜艇的建议，许多人也进行了这方面的尝试。1893年，长约45.7米、排水量为266吨的“古斯塔夫·齐德”号潜艇在法国下水了，它是最先进的一艘。

舰舰队司令罗比森的副官、助理参谋长和战术官，在罗比森的支持下进行环形编队试验和演习。1925年10月，罗比森晋升为美国海军总司令，尼米兹仍任其副官、助理参谋长和战术官。

1926年秋，尼米兹调任伯克利的加利福尼亚大学海军科学与战术教授，组建海军后备军官训练团。1928年1月，晋升为海军上校。1929年6月，改任圣迭戈第20潜艇分遣队司令。两年之后升任圣迭戈驱逐舰基地司令。1934年出任“奥古斯塔”号重型巡洋舰舰长。

1935年，尼米兹调任海军部航海局(现为人事局)局长助理。因航海局长经常不在办公室而海军部长又体弱多病，尼米兹经常代理局长职务并代行部长职权。1938年7月，尼米兹晋升为海军少将。同年7月，出任第2巡洋舰分遣舰队司令，稍后因病改任第1战列舰分遣舰队司令。

珍珠港事变后，根据罗斯福的指示，尼米兹于1941年12月17日晋升为海军上将，赴珍珠港接替金梅尔海军上将出任美国太平洋舰队总司令。为了重建太平洋舰队并战胜日本海军，尼米兹并未急于惩处失职人员，而是选拔重用英勇善战的军官(如哈尔西、斯普鲁恩斯、特纳、史密斯等)，重建指挥系统以协调太平洋战区的海陆空三军力量，承接调拨给战区的人员、武器和补给物资，参与华盛顿的最后决策以制定横跨太平洋而战胜日本的战略计划，亲自筹划切实可行的作战行动。

1942年1月，在尼米兹的决策下，美国海军的两艘航空母舰组成联合编队，突袭了日军控制的马绍尔群岛和吉尔伯特群岛，一举击沉了日军潜艇2艘、运输船1艘和小型船只8艘，并炸毁了岸上的部分设施。这是“美国海军在第二次世界大战中的第一次得分”。它的成功，振奋了美军的士气。

攻克硫磺岛之后，1945年4月1日，尼米兹命令向冲绳岛发起突击，守岛日军殊死抵抗，"神风"攻击队则向美军舰船发动自杀性进攻。6月22日，该岛陷落。美军伤亡近5万，日军伤亡近12万。

日本宣布无条件投降之后，1945年9月2日，尼米兹代表美国参加日本投降仪式。战争期间，尼米兹获得3枚优异服务勋章，10月5日被美国政府定为"尼米兹日"。

1945年11月，尼米兹出任美国海军作战部长，继续强调海军的重要性。1947年11月任期届满卸任。与波特合著有《海上力量：海军史》和《太平洋的胜利：海军的抗日战争》。1966年2月20日，尼米兹病逝于美国旧金山。

航空母舰会战

1942年后，尼米兹又开始策划对日本首都东京的空袭行动。这一计划因困难重重，在2月份曾被束之高阁。存在的主要问题是，美军所有太平洋基地均离东京过远，实施这一计划只有依靠航空母舰，而航空母舰上的轰炸机航程又很有限。发动这样一次袭击，航空母舰过于靠近日本机场十分危险。陆军建议使用B－25型远程中型轰炸机，詹姆斯·H.杜立特中校训练了从航空母舰甲板上起飞的16名机组人员。经过审慎研究，决定用航空母舰把轰炸机运至日本以东500海里的区域，飞机空袭东京和其他日本城市后，到中国沿海机场降落。

于是，从大西洋调来了新航空母舰"大黄蜂"号以搭载旧金山附近阿拉米达机场的B－25型轰炸机。而"大黄蜂"号因为在飞行甲板上装载了陆军轰炸机，不能再用它的飞机进行侦察

【对尼米兹的评价】

海尔赛能在一场海战中取胜，斯普鲁恩斯能在一场战役中取胜，而尼米兹能在一场战争中取胜。

巡逻，需要另一艘航空母舰将其护送到日本海域。

4月18日，16架B－25轰炸机满载炸弹从“大黄蜂”号甲板上腾空而起，在短短几小时内，飞抵东京、名古屋、横须贺、神户等城市上空，投下炸弹和燃烧弹后顺风直飞中国。空袭日本虽未取得重大的直接成果，却从心理上打击了日本的嚣张气焰，振奋了美国的民心士气。在日本，亿万臣民目瞪口呆，天皇裕仁深感震惊，山本五十六再三请罪。在美国，朝野上下大受鼓舞，悲观情绪一扫而光。为防止类似空袭事件再次发生，日军统帅机关紧急将大批战斗机群调回国内保卫本土。侵华远征军还派遣由53个营组成的讨伐队前去扫荡杜立特轰炸机群降落的中国江浙一带。

鉴于珍珠港事件的教训，尼米兹大力加强太平洋舰队情报机构的建设。情报机构设法从被击毁的日本潜艇中找出日本海军密码本，致使日本海军的电文得以破译。

通过情报破译，尼米兹得知日军企图攻占图拉吉岛并进而夺取新几内亚的莫尔兹比港，参战兵力包括由2艘航空母舰、3艘重巡洋舰和6艘驱逐舰组成的突击部队，由1艘航空母舰、4艘重巡洋舰和1艘驱逐舰组成的支援掩护部队，以及由1艘巡洋舰和6艘驱逐舰护航的登陆部队。

为了迎击日军，尼米兹将2艘航空母舰、8艘巡洋舰和11艘驱逐舰紧急编成特混舰队，由弗莱彻海军少将指挥前往珊瑚海。此次作战由舰载飞机进行，双方的水面舰艇互不照面，故珊瑚海战役可谓第一次航空母舰会战。

战役从5月3日日军攻占图拉吉岛开始。次日，日军分乘14艘运输船由1艘轻巡洋舰和6艘驱逐舰护航，驶往莫尔兹比港；美国“约克敦”号航空母舰的舰载机攻击图拉吉，击沉驱逐舰1艘、毁伤其他舰船数艘，导致日本航空母舰机动部队南下。

【珍珠港】

尼米兹于此建造该区第一个潜艇基地，太平洋战争时则在这里指挥太平洋舰队。

7日，日本机群击毁美国1艘驱逐舰、重创1艘油料船，美国机群则击沉日本“祥凤”号轻型航空母舰。8日，美国“列克星敦”号航空母舰被日本机群击沉，尼米兹命令美军撤离战场。珊瑚海海战，美国的直接损失较日本为大，但是，尼米兹挫败了日本攻占莫尔兹比港的企图，使日本的2艘航空母舰无法及时恢复战斗力（其中之一未能参加中途岛战役），对后来美国在中途岛的胜利产生了积极影响。

根据对大量情报的分析，尼米兹判断中途岛将成为日军的作战目标，决心适时组织反击作战。他将仅有的2艘航空母舰“企业”号和“大黄蜂”号从南太平洋调往夏威夷，编组两支特混舰队，开往中途岛东北200海里处隐蔽待机（后来紧急修复的“约克敦”号航空母舰亦赶来参战）；

向中途岛增派B-17“空中堡垒”轰炸机、B-25轰炸机、俯冲轰炸机和战斗机；将潜艇全部部署在中途岛西北海域，于5月14日命令太平洋舰队进入全面战备状态。

5月25日，情报机构甚至破译了日本联合舰队的作战计划。尼米兹命令加强空中搜索，力争先机制敌。6月4日，美机先发现日本舰队，开始交战。

日本参战部队有机动舰队、主力舰队、中途岛攻击舰队、北方舰队和先遣舰队，拥有各种战舰约160艘；美国参战部队为航空母舰攻击舰队，下辖第16特混舰队、第17特混舰队和第11特混舰队，拥有各种战舰约50艘，力量对比处于劣势。日机轰炸中途岛使美军遭受重大损失，美机则击沉日本2艘航空母舰。6月5日，中途岛海战结束。美国损失“约克敦”号航空母舰、1艘驱逐舰、150架飞机和307名官兵；日本损失4艘航空母舰、1艘重巡洋舰、322架飞机和3500名官兵，1艘战列舰和2艘驱逐舰受创。尼米兹情不自禁地宣称：“先生们，今日已报珍珠港之仇！”

瞭望塔作战计划

尼米兹和金决定实施以攻占瓜达卡纳尔岛和图拉吉岛为目标的“瞭望塔”作战计划，通称瓜达卡纳尔战役。1942年8月7日，美国海军陆战队在图拉吉岛和瓜达卡纳尔岛的登陆作战获得成功，但掩护登陆的特混舰队在日本海军的攻击下被迫撤离。在随后的萨沃岛作战中，美国海军失利，损失4艘巡洋舰和1000余名水兵。为了收复瓜达卡纳尔岛，日军动用人称“东京快车”的驱逐舰运送陆军增援部队。该岛美军则固守待援。

8月24——25日，东所罗门群岛作战展开，美国舰载机击沉日本“龙骧”号航空母舰，日本舰载机则重创美国“企业”号航空母舰和1艘驱逐舰。10月8日，尼米兹任命哈尔西接替戈姆利任南太平洋战区最高司令以改善战场指挥。10月26日，两方在圣克鲁斯岛海域交战，美国损失“大黄蜂”号航

> **【瓜达卡纳尔战役】**
>
> 尼米兹和金决定实施以攻占瓜达卡纳尔岛和图拉吉岛为目标的“瞭望塔”作战计划，通称瓜达卡纳尔战役。

空母舰和74架飞机，日本仅有2艘航空母舰略受创伤、损失100架飞机，美国再次遭到战术性失利。

瓜达卡纳尔岛争夺战更趋激烈。11月12日晚至13日，瓜达卡纳尔岛海域发生巡洋舰大战，美国损失近1000名官兵和2艘巡洋舰，另有2艘巡洋舰受创，日本损失1艘巡洋舰。14日，美国海军向日本运输舰队发起反击。15日，瓜达卡纳尔岛海域发生战列舰交战，日本损失2艘战列舰、1艘重型巡洋舰、3艘驱逐舰、11艘运输舰和几十架飞机，联合舰队再也不能以如此沉重的代价去支援陆军的作战行动了。

1943年2月，瓜达卡纳尔岛日军被迫撤离。瓜达卡纳尔战役的胜利，标志着盟军在太平洋战场开始由战略防御态势转为战略进攻态势。但是，在1943年6月以前，日本联合舰队仍占据力量优势，拥有10艘航空母舰（舰载机480架）、9艘战列舰、30艘巡洋舰、98艘驱逐舰，但舰载机飞行员伤亡过多；美国太平洋舰队仅有3艘航空母舰（舰载机217架）、6艘战列舰和25艘巡洋舰。

1943年5月，盟军决定沿中太平洋和西南太平洋两条路线向日军进攻，中太平洋作战由尼米兹指挥，西南太平洋作战由麦克阿瑟指挥，以逐岛进攻为基本战略。11月20日，尼米兹下令发起吉尔伯特群岛战役。由于

美军炮火准备时间太短和日军防御工事极为坚固，美军耗时3天、牺牲1300人才攻占塔拉瓦岛。有鉴于此，尼米兹决定改逐岛作战方针为越岛作战方针，即对某些岛屿围而不打（使之困死），越过这些岛屿而进攻关键性岛屿。是年年底，太平洋战场的战略主动权完全转归盟军。

尼米兹将下一个作战目标指向马绍尔群岛的心脏。作战始于1943年12月31日。此役注意足够的炮火准备，并一再运用夺取日军机场而压制周围地区的战术，战役于次年2月结束。此后，尼米兹决定不对5万日军坚固设防的特鲁克群岛发起突击而先用航空母舰舰载机实施猛烈轰击，然后绕过该岛前进。接着，尼米兹锋芒直指马里亚纳群岛。1944年3月，美军炮击帕劳群岛，6月15日，开始在塞班岛登陆。日本联合舰队赶来对阵，损失3艘航空母舰和315架飞机。7月9日，美军以伤亡1.65万的代价攻陷塞班岛，歼敌约3万。

尼米兹和麦克阿瑟之间曾就此后作战方向发生争执。前者主张先获得棉兰老岛空军基地，孤立吕宋，进攻台湾和中国沿海，继而打击日本本土；后者则主张迅速攻占菲律宾并获得参谋长联席会议的支持。尼米

兹派哈尔西率第3舰队参加解放菲律宾的作战。

1944年12月，尼米兹晋升为海军五星上将。到1945年初，太平洋日军伤亡和被困人数约为75万，共损失19艘航空母舰、12艘战列舰、34艘巡洋舰和125艘潜艇。

战后，尼米兹因为在对日作战中的胜利而受到美国民众热烈的欢迎，深知宣传之效的新任海军部长詹姆斯·佛莱斯特也将尼米兹塑造成海军的国家英雄，包括在1945年10月5日定为“尼米兹日”，在旧金山接受荣誉市钥和在国会进行演说等等。尼米兹之后要求接替金恩担任美国海军作战部长，佛莱斯特则予以反对，不单是认为尼米兹与金恩一样顽固，也认为前者的能力应用于战区指挥。

【尼米兹日】

攻克硫磺岛之后，1945年4月1日，尼米兹命令向冲绳岛发起突击，守岛日军殊死抵抗，“神风”攻击队则向美军舰船发动自杀性进攻。6月22日，该岛陷落。美军伤亡近5万，日军伤亡近12万。日本宣布无条件投降之后，1945年9月2日，尼米兹代表美国参加日本投降仪式。战争期间，尼米兹获得3枚优异服务勋章，10月5日被美国政府定为“尼米兹日”。

尼米兹仍非常想要该职位，在其运用宣传手腕下，佛莱斯特最终妥协，只要同意任期为两年（一般为四年）、人事他要同意、必须同意海军部组织概念，尼米兹接受了这些条件。1945年11月20日，杜鲁门宣布尼米兹接替金恩，成为海军作战部长，斯普鲁恩斯则接替其太平洋舰队司令职务。

二次大战一结束，尼米兹就面临了美军中海军因为核武时代的来临而要面临的削减，深知海军重要性的罗斯福已逝世，换上了主张核子武器实用性的杜鲁门，他曾暗示了海军地位将会下降的未来，如称赞马歇尔

"成功地使海军愿意与陆军合作"。尼米兹则到处巡回演说,争取海军之地位以及其不可取代的性质。

如杜立德就曾说过:"航母能移动,也会沉,当我们拥有航程极长的飞机时,就不再需要航母。"杜立德也要求成立独立的空军,地位将要与海军与空军相等,尼米兹表示反对,他认为这和独立的潜艇部队一样没有道理。另外,尼米兹还要面对此时军部内要求将海军与陆军并入同一部门的声浪,他反对这种将限制海军发展、令其降低国家防御的角色。

在尼米兹担任作战部长期间,前纳粹德国海军总司令卡尔·邓尼茨接受了纽伦堡大审,起诉其发动无限制潜艇战的罪名,尼米兹应其律师之要求,提供一份美军亦在对日战争中使用同样做法的证词,到最后虽然判定邓尼茨该罪名成立,但并未针对该罪名而受罚。尼米兹也于短短的任期中测试核武器对海军的打击力,主持了十字路口行动,另外还支援了核动力潜艇的开发。

1947年12月15日,尼米兹卸除了海军作战部长职务。虽然美国国会所授予的五星上将军衔可使他永不退休,但尼米兹决定离开海军(虽然有挂名"海军特别助理",但几乎不会有人来请教帮忙),他后来在1948——1956年期间担任了加利福尼亚大学的校董,在1949年3月21日被任命为联合国的克什米尔事务委员会公民投票监察长,协助调停印巴之争,但由于印度和巴基斯坦关系恶化,并未能进行。另外,尼米兹也协助日本维护东乡元帅的遗产:"三笠"号战列舰,并在后来撰文提醒日本人对马海峡之战对他们海军历史的重要性,尼米兹将该文稿费所得的56美元(相当于2万日元)捐出,鼓励日本人重修"三笠"号,还获得了其海上自卫

队的感谢。

在1961年5月27日的日本海军节，“三笠”号重新修整完成，尼米兹以荣誉贵宾身份受邀，但他并未出席，反而寄信写道：“最诚挚的祝福，给所有那些爱国的日本人，他们将协助恢复这艘著名的军舰。一位极大的仰慕者与信徒，切斯特·尼米兹”；尼米兹也将其撰写的《海权》一书的所得10万日元，捐赠给了东乡神社的重建工程，这本书后来在日本发行时，改名为《尼米兹的太平洋海战史》，成为畅销书。

1963年10月，尼米兹诊断出脊髓关节炎病状，虽然手术成功，但尼米兹后又罹患了肺炎，到了12月，又再有轻微的中风与心脏衰竭。1966年1月，他离开了位在奥克兰的美国海军医院（橡树山庄），回到他的海军宿舍。1966年2月20日，尼米兹逝世，享年80岁，政府为其国葬，并照他生前意愿，葬于加利福尼亚州布鲁诺的金山国家公墓，与斯普鲁恩斯、屠纳及洛克伍德同葬一处。

纪念尼米兹

1945年11月，尼米兹出任美国海军作战部长，继续强调海军的重要性。1947年11月任期届满卸任。与波特合著有《海上力量：海军史》和《太平洋的胜利：海军的抗日战争》。1966年2月20日，尼米兹病逝于美国旧金山。

尼米兹级的首舰即尼米兹号核动力航空母舰。该级核动力航母中，只有3艘不是以美国前总统名字命名的，分别是“尼米兹”号、“卡尔·文森”号、“约翰·斯坦尼斯”号。

“美国伟人”系列邮票，50分钱上的图案为尼米兹的肖像。

超级航空母舰的尼米兹级核动力航空母舰以其命名，首舰即为“尼米兹”号，自1975年起陆续建造了10艘，是目前已服役军舰中排水量最大者，也是目前被认为战力最强大的军舰。

【“尼米兹”航空母舰】

为了纪念尼米兹，美国把20世纪70年代开发的一级核动力航空母舰以尼米兹命名，该级航母共10艘，是世界上最大、最先进的航母。

尼米兹基金会，成立于1970年，其提供了美国太平洋战争国立博物馆资金。

尼米兹高速公路（即880号州际公路），路段位于旧金山湾区、自奥克兰至圣荷西。因为在尖峰时间交通十分拥挤，而被当地人取了“脏乱的尼米兹”（The Nasty Nimitz）的昵称。

尼米兹冰川，为美国南极洲命名咨询会（US-ACAN）以尼米兹所命名的一条冰川，在尼米兹海军作战部长任内，曾进行过海军大规模南极观测行动——高跳行动。

尼米兹大道，为圣迭戈诺马岬邻近的一条大道。

尼米兹营，成立于1955年，为圣迭戈的一间新兵招募营。

尼米兹公路，为夏威夷檀香山机场附近的92号公路。

尼米兹图书馆，为美国海军学院的主图书馆。加州伯克利的海空军后备军官训练学校也有一个被命名为尼米兹的图书馆。

西弗吉尼亚州萨默斯亦有一个“尼米兹镇”。

在夏威夷檀香山与加利福尼亚州森尼韦尔各有一所“尼米兹小学”。

得克萨斯州圣安东尼奥与敖德萨、加利福尼亚州汉廷顿公园各有一所“尼米兹中学”。

尼米兹丘，为前关岛海军指挥部据点。

尼米兹公园，位于日本美军舰队佐世保基地内的一个小型游乐园。

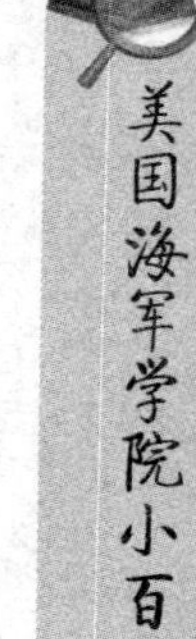

美国海军学院小百科

美国海军学院早在 1845 年就建立起来，但海军迟迟没有一所自己的正规学校。

当时，海军军官来源于军官候补生，多出身于统治阶层，只经过短期培训就被任命为海军军官，待遇优厚，晋升也快。

可是他们缺少严格的正规训练，这一弱点一到海上就暴露出来。于是海军提出强烈要求，建立一所自己的军官学校。

提案送到国会，不识海事的议员们一再加以拒绝，前后否决竟达 20 次之多。

第二章　英雄的母校

美国马里兰州海滨小镇安纳波利斯，有一所全美知名的海军学院，这里向来以培养忠于国家、训练有素的海军军官为己任。162年的历史，让它成为与西点齐名的军事院校。在这片纯净的世界，多少年来一直造就或者毁灭着未来的英雄，成为无数年轻人毕生追逐的梦想。

第一课　在战争中建设与发展

当一个小小的心念变成行为时，便能成了习惯，从而形成性格，而性格就决定你一生的成败。

美国海军学院是美国海军和美国海军陆战队的军官本科教育学校，位于马里兰州的安纳波利斯。

美国海军组建于美国独立战争时期，时称北美大陆海军，其目的是与英国皇家海军相抗衡。独立战争开始时，美国面临的形势极为严峻。英国是世界头号资本主义工业强国，有雄厚的经济基础和丰富的自然资源，并且拥有世界上最强大的海军。

当时英国海军拥有270艘作战舰、护卫舰和小型炮舰，拥有幅员辽阔的殖民地，有取之不尽用之不竭的人力物力。相反，北美殖民

地工商业落后，物力、财力、军力与宗主国英国相比都是望尘莫及的，连一艘军舰也没有。

控制海权的斗争对美国具有重大的战略意义。虽然美国海军不可能直接与英国海军进行面对面的战略决战，但它可以通过袭击英国的海上商业运输，破坏其海上补给线和交通线来打击英国。另外，北美还有根深蒂固的航海传统，于是，美国海军在独立战争中应运而生了。

领导独立战争的乔治·华盛顿在领兵围攻波士顿时，创立了一支私人海军。随着战争的深入和扩大，建立大陆海军的问题提到议事日程。经过讨论，大陆会议决定把1775年10月13日作为大陆海军的正式诞生日，成立了“海军委员会”，先后用商船改装成8艘战船。

11月10日，大陆会议批准建立海军陆战队并组建了两个营。57岁的伊塞克·霍普金斯被任命为新成立的大陆海军的舰队司令。1776年2月18日早晨，8艘战船集结在特拉华湾口海面，升起大陆海军最早使用的“大联合旗帜”，待命出征。这就是美国历史上组建的第一支海军。美国海军作为美国海上战略强制力量走上历史舞台。

独立战争之后，美国国会取消了北美大陆海军。1794年，美国首任总统乔治·华盛顿向国会提出重建美国的海上军事力量，以抵抗日益强大的海盗威胁，美国的《海军法》在国会通过后，重建海军的工作被提上议事日程。

1825年时任美国总统约翰·亚当斯向国会建议建立一所与西点军校相一致的海军学校。在美国海军部长的努力下，陆军部长把马里兰州安纳波利斯一处极少使用的陆军码头移交给海军。美国海军学院即始建于此。

1845年美国海军部长乔治·班克罗夫特在安纳波利斯的塞文河码头

建立了海军学院，校园仅占10英亩土地。同年10月10日，学院首任院长富兰克林·布坎兰宣布学院正式成立。学院开学时只有50名学生和7位教授(包括4名军职和3名文职教授)。学习的课程有数学、航海、化学、英语、法语、自然、哲学等。

建校之初规定的学制为5年，只有第一年和最后一年在学校度过，其他3年在海上进行实习训练。后来学期被延长为7年，前两年和最后两年在学校度过，其他3年在海上度过。

首任校长布坎兰不仅要组织教学训练，还要负责对这个已经有30多年历史的旧码头进行维修，破烂不堪的校舍，摇摇欲坠的教室，缔造了最初一代的美国海军军官。

1846年5月13日，美国政府向墨西哥宣战，美墨战争正式爆发。宣战不过是蒙蔽世人的把戏，美军的军事行动在此之前早已进行了4个多月。"闯进玉米地的黑熊"，为尽快实现由北向南进攻，分割墨西哥领土，占领其首都的目的，战争第一阶段，美军决定兵分三路发起进攻。

战争期间，美国海军学院共有90名学员参战，学员在战争中的出色表现，使美国人民认识到保持一支强大的随时准备战斗的军队的重要性。战争期间，学校的情况十分混乱，学制缩短，学员提前毕业被派往前线。

1847年1月13日美国与墨西哥签署条约在加利福尼亚停战。1848年2月2日两国签署最终停战协定，美国获得了加利福尼亚、内华达、犹他的全部地区，科罗拉多、亚利桑那、新墨西哥和怀俄明部分地区。

美墨战争结束后，1850年学校重新组织建设，同年7月科尼利埃利·斯特里布林接替布坎兰出任学校校长，学校正式改名字为美国海军学院，由美国海军后勤和水文署的署长管理。新任院长斯特里布林上任后，对学院进行了整顿和改革，首次实行了4年学制，采用新的课程体系，校园面积扩大到338英亩。

4年制的学制模式仍是当今海军学院学制设置的基础，很久以后，4年制逐渐成为美国大学教育的惯例。与重建以前不同，4年的学习内容被连接在一起，海上的学习与实习活动放到毕业以后再进行。1853年11月，路易斯·戈德斯博罗海军中校继任院长，学院的第一批毕业生于1854年6月毕业。

美国南北战争开始后，学院的教学工作再次陷入动荡之中，1861年5月学校被迁往罗德岛纽波特，直到1865年6月22日，经国会批准，学院才又迁回到安纳波利斯。1930年10月25日，美国大学联合会接纳了该校。

1933年5月，美国国会授权海军学院院长向自接纳之日起的该校毕业生授予理学学士学位。1937年，国会又将这一荣誉泽及自该校成

立以来所有活着的毕业生。该校长期以来被列入全美最著名的50所高校之一。

自从1850年学院被置于美国海军后勤和水文署管理之后，管理机构几经变更。1862年美国海军航海局建立后学院划归该局管理，1867年学院直属美国海军部，但航海局仍然负责教学管理和后勤管理服务。

美国海军学院小百科

美国海军学院是美国海军培养初级军官的一所重点学校。该校的主要任务是为海军舰艇部队、海军航空兵部队和海军陆战队培养各种专业的初级军官。海军学院的使命是："从学业、道德伦理、领导才能和体能几方面培养学员；灌输责任感，荣誉感和忠诚感；造就献身于海军职业生涯的、头脑和性格有发展潜力、有能力履行最高级指挥职责、公民职责和政府管理职责的毕业生。"

第二课　美丽的美国海军学院

为明天做准备的最好方法就是集中你所有智慧，所有的热忱，把今天的工作做得尽善尽美，这就是你能应付未来的唯一方法。

安纳波利斯是马里兰州的州府所在地，这是一座美丽的小城，规模袖珍，但却风景如画，十分幽雅。整个小城坐落在切萨皮克海湾畔。

美国海军学院位于塞文河流入切萨皮克湾处，距离华盛顿市和巴尔的摩市均不到1小时汽车行程。校园景色优美，环境宜人。

校园里铺设着砖砌林阴大道，点缀着法国文艺复兴格调和现代风格的各式建筑。这些建筑，已成为美国西海岸上最著名的建筑群之一。1963年，美国联邦政府指定该校舍为国家历史文物。每年慕名前来参观的人达100万以上。

校园占地面积约1.37平方公里。其主建筑物有：尼米兹图书馆、里科弗楼、莫里楼、迈克尔逊楼、肖维勒楼、桑普森楼、马汉楼、教堂、毕业生厅、班克罗夫特楼、戴尔根楼、列尊楼、麦克杜格尔楼、军官食堂和宿舍散布在整个校园。

著名的尼米兹图书馆藏有海军科学与历史方面的书籍60多万册；馆内设有能容纳1500名读者的阅读室，还有讨论室、打字与计算室、视听室、计算机终端室等；馆内还设有一个教育资料中心，负责制作与播放12个频道的闭路电视节目。

校园里随处可见林阴掩映下的纪念碑和雕像，象征着勇敢精神和英雄主义传统，是学院最重要的遗产之一。建筑物和道路都以杰出毕业生的名字命名。他们中的每一位都为美国海军历史和国家做出过不朽贡献。这些建筑都是用海军的名人命名的。

这所著名的海军学院是对外开放的，游人可以自由参观，但由于教学的需要，个人参观有许多地方会受到限制。如果你通过媒体看惯了世界各国军事单位豪华气派的大门，你就会发现，这座世界著名军校之一的学府正门，竟是如此的朴实无华，令人惊叹不已！若不是正门的左侧墙壁上，有学院名称的烫金大字以及门口那两位军姿威武的哨兵，你很难想象，这是一所著名军事学院的大门。

学院正门的门口有两位身着迷彩服的值勤人员设卡，经过一条不太长的通道，就可以进入到学院里面。走进学院，首先映入眼帘的是一汪碧绿的大海湾，还有海边上的一座漂亮的圆形建筑。这里是参观和来访者的信息中心。

在这儿可以索取到有关学院的资料和游览路线地图，有出售学院各种纪念品的商店，也有供游人休息的坐椅和小圆桌。再向里面走，可以看到著名海军人物的照片和简单说明，军官和士兵的军衔展示橱窗，还有一艘一战时期立下战功的巨大舰艇的模型。

面向海湾，是一个非常大的运动场，场内绿草如茵，不少海鸥在那里悠闲地散步，运动场上空飘扬着国旗、军旗和校旗。

楼群的建筑风格统一，无论是建筑材料、颜色及楼房的结构上，都是浑然一体，十分和谐，淡雅，清丽，给人一种大海扑面而来的气息和一种庄严大气的感觉。

在楼群的簇拥下，一个绿色圆顶的教堂格外醒目，绿顶周围用金色的线勾勒出条条弧形，更显得金碧辉煌。

在宿舍楼和教学区，可以看到了不少身着全白军装的学员，军装合体而漂亮，加上挺拔的体态和军姿，很酷；特别是女学员，更是英姿飒爽，既俏丽又庄重大方。

他们都很有礼貌，有陌生人从身边走过时，会微笑着主动和人们打招呼，十分友好。

学院每年都要举行一次盛大的毕业典礼，在2005年的毕业典礼上，美国总统布什亲自为学员们发放毕业证书。

一般来说，美国总统只在任期内的第一年参加学院的毕业盛典。

该校共有教官600余人，分为军职和文职两类。

多数文职教官从名牌大学取得博士学位，站在本学科学术前沿；军职教官来自海军

部队，两三年轮换一次，带来了部队的新的思想和信息。两类教官的数量大致相等。

除本国教员外，也有外国军官来校任教。教学设施水平之高在美国大专院校中名列前茅，校内还有小型核反应堆，除各类实验室，还有导航标图室、环境科学实验室、电子计算机中心，还有一个拥有80艘舰只的船队。这些教学设备和设施为学员的学习提供了良好的条件。

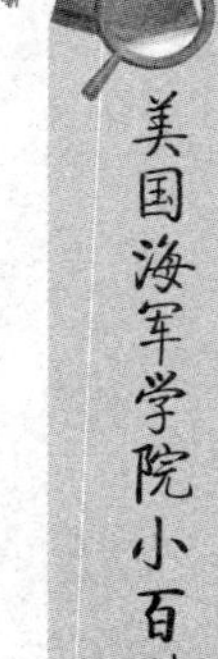

美国海军学院小百科

美国海军学院是美国海军和美国海军陆战队的军官本科教育学校，位于马里兰州的安那波利斯。

美国海军学院建校 150 多年来，为美国培养了近 7 万名海军军官和政界要人，其中有海里五星上将尼米兹、海军战略理论家马汉、美国第一位获得诺贝尔将金的科学家米切尔森和美国前总统卡特、布什等政界要人。

第三课　美国海军学院名人榜——罗宾逊

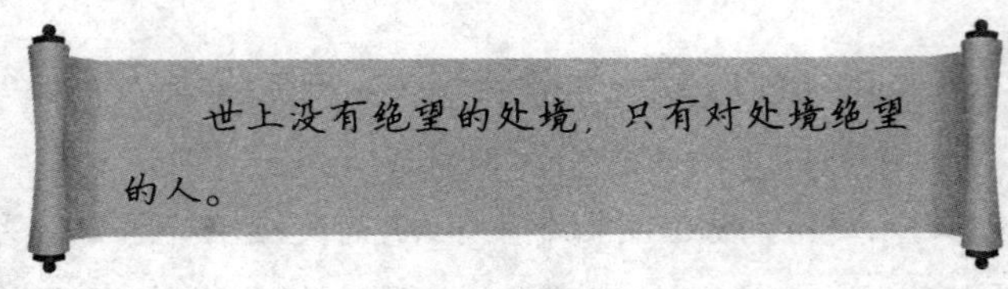

大卫·罗宾逊（英文：David Robinson，1965 年 8 月 6 日—），前 NBA

职业篮球运动员，司职中锋，因为曾服役于美国海军，故昵称为“海军上将”。球衣号码为 50 号。1989 年进入 NBA，曾在 1999 年和 2003 年帮助圣安东尼奥马刺夺得总冠军，2003 年退役。打过 10 次全明星赛，获得 1995 年年度最佳球员，职业生涯中每场均得到 21.1 分、10.6 个篮板、2.5 次助攻、1.41 次抢断和 2.99 个盖帽，平均投篮命中率 51.8%，三分球命中率 25%，罚球命中率 73.6%。1995 年拿下生涯最高单场得分 71 分。

成长经历

罗宾逊出生在佛罗里达的基韦斯特，从小受到良好的家庭和学校教育。高中毕业后，他参加了海军，在海军学院的数学专业学习。在海军学院学习期间，他的身高增加了18厘米，并被评为1987年的全美大学最佳篮球选手。

1987年大学毕业后他被圣安东尼奥马刺队在NBA选秀大会上以第一轮第一位选中，但是他坚持服完两年兵役后才到马刺队报到，为此他得到了自己的绰号“海军中尉”。但后来随着他在马刺队的地位和作用越来越重要，现在球迷已经将他的官衔晋升到“海军上将”。

罗宾逊是一位左手投篮型中锋。他不仅可以在篮下强攻，而且也可以在外围远投，特别是他参加快攻时的跟进扣篮和空中补篮，让人防不胜防。总之，他在技术和身体能力两方面都十分出色、全面，是位超级中锋。

随着他的归来，马刺队迅速崛起，成为一支西部劲旅，而罗宾逊本人也随马刺队一起成熟。1990年，罗宾逊在加入NBA的第一年就被评为NBA最佳新人。1990—1996年，他5次当选对全队贡献最大的运动员称号，1991、1992、1995和1996年，他四次入选NBA最佳阵容和最佳防守阵容。1992年，他被评为NBA最佳防守队员。1995年他带领马刺队取得62胜20负的西部最佳成绩，并于同年当选NBA最有价值球员。1992和1996年，他2次选入美国男篮梦之队，夺得2枚奥运会金牌。1996—1997赛季，罗宾逊有脚伤只出场10次，这严重影响了马刺队进入季后赛，这足见罗宾逊在

【球赛统计数据】

常规赛平均:21.9分,11.4个篮板,2.9次助攻,1.55次抢断,3.37个盖帽;季后赛平均:21.7分,11.6个篮板,2.8次助攻,1.34次抢断,2.97个盖帽

全明星赛平均:16.6分,7个篮板,1次助攻,1.63次抢断,1.63个盖帽

全队中的重要地位和作用。虽然那个赛季马刺的战绩不佳，却因祸得福，那一年,马刺顺利抽中了状元签,并选中了影响到罗宾逊职业生涯的蒂姆·邓肯。

1998 年，拥有罗宾逊和邓肯的马刺队在 1999 年横扫 NBA,“双塔”成为 NBA 史上最著名的组合之一,如果 2000 年能再次夺冠,“双塔”将建立一个新的王朝。可是罗宾逊没能创造历史,但他将手中的权杖交给了之后在 NBA 带领马刺三夺总冠军的“石佛”邓肯,这只马刺队也打上了“石佛”的烙印,但人们永远不会忘记这位“海军上将”为球队所做的一切。

生活中的罗宾逊热爱音乐、文学,待人接物彬彬有礼,深得队友、家人和周围人们的关心和爱戴。

球赛中获得的荣誉记录

1999 年 4 月 13 日对小牛队一役完成职业生涯第 2000 次助攻。

1999 年 2 月 11 日对骑士队一役得到职业生涯第 16000 分。

2009 年 4 月 8 日与迈克尔·乔丹、约翰·斯托克顿、杰里·斯隆、C.维维安·斯特林格等人一起入选 NBA 名人堂。

罗宾逊轶事

2002—2003 赛季 NBA 常规赛冠军马刺队中锋大卫·罗宾逊当地时间 4 月 21 日获得了由职业篮球记者协会每年评选出的 2003 年 J. 沃尔特·肯尼迪市民奖。

肯尼迪市民奖是以 NBA 第二任总裁 J. 沃尔特·肯尼迪的名字命名的,是为了表彰为社会服务做出杰出贡献的 NBA 球员或教练。罗宾逊已经捐助 900 万美元建立了独立卡弗学院，这是为了在圣安东尼奥地区的低收入非裔美国人的子女上学准备的，此外罗宾逊是卡弗学院的主要投

资人并担任校董事会主席。罗宾逊是未来的篮球名人堂成员，本赛季结束后将宣布退役，他还和马刺队一起提供50套季票给球迷。以前的肯尼迪市民奖获得者有朱里叶斯·艾尔文、乔·杜马斯、鲍伯·拉内尔、戴夫·宾、阿列克斯·因格里什、史蒂夫·史密斯、迪肯贝·穆托姆博、布莱恩·格兰特和阿伦佐·莫宁。

罗宾逊并于2009年入选NBA名人堂。

作为在他的那个时代的顶尖中锋之一，即使算不上历史上最佳，海军上将大卫·罗宾逊也毫无疑问是一个篮球奇才，同时在场外也是一个值得尊敬的人物。对于一个瘦而肌肉发达的7尺1寸的运动员来说，他速度快、身体壮而且动作敏捷。在他加入NBA的前6个赛季，他获得了年度最佳新秀，最有价值球员以及年度最佳防守球员的荣誉。除了一个篮板王的头衔外，他还获得过一次得分王，6次入选全明星，3次入选NBA第一阵容以及3次入选NBA第一防守阵容。

作为与哈吉姆·奥拉朱旺、帕特·里克同时代的中锋，罗宾逊在职业生涯中平均每场得到21.1分、10.6个篮板以及2.5次盖帽并且得到2次NBA总冠军——其中第二次是在他的最后1个赛季——这些成就使得他成为了NBA的传奇巨星之一。

罗宾逊给后人所一直遗留下来的财富还表现在他是职业体育界中杰出的慈善家之一。在2003年的3月23日，NBA的总裁大卫·斯特恩宣布未来的NBA社区援助奖的获得者将能够得到罗宾逊勋章，勋章上面有题字："遵循逐步改善社区情况的NBA传奇巨星罗宾逊设立的标准"。在罗宾逊的慈善成就中，还包括了他捐助了900万美元以帮助建造及维护卡佛学院。这所独立的学校吸收来自不同文化背景的社区的圣

安东尼奥的学生。

经常提醒马刺的队友:“得到一个冠军并不保证你变得更好。那并不会证明什么。”但冠军是罗宾逊征战 NBA 历程的一部分。他的第一个冠军来自他的第10 个赛季,即 1998—1999 年的那个缩水赛季,他们在让人信服的 5 场总决赛中击败了纽约尼克队。

在那个时候,由于冉冉升起的希望之星邓肯的加入,他已经成为了马刺队的第二选择。在他们合作的第一个赛季,1997—1998 年,罗宾逊和邓肯就承担了相同的责任。年长的罗宾逊平均每场得到 21.6 分、10.6 个篮板和 2.63 次盖帽,而年轻的来自韦克福里斯特大学的邓肯得到了几乎相同的场均 21.1 分、11.9 个篮板和 2.51 次盖帽。

在他们并肩作战的第二个赛季,罗宾逊无私地将他的任务定义为增强邓肯的技巧和身体。罗宾逊开始离开篮下,更多地去到高位,以使得邓肯有在低位灵活表现的自由。虽然罗宾逊在常规赛的表现下降到了 15.8 分和 10 个篮板,但球队变得更加成功了,同时他也仍然是马刺通往冠军道路上的一个必备部分。

在他漫长而杰出的职业生涯将要结束的时候,罗宾逊在 2002—2003 赛季得到了他的第二枚总冠军戒指。在那个赛季,马刺和他们的分区竞争对手小牛队一起打出了全联盟的最佳战绩(62 胜 20 负)。在季后赛中,圣安东尼奥击败了菲尼克斯太阳队、三连冠的洛杉矶湖人队以及达拉斯小牛队,并进入到了和新泽西网队争夺总冠军的 2003 年 NBA 总决赛。

马刺队在第六场比赛中,通过在第四课的大反攻,取得了令人激动的 88 比 77 的胜利,并因此击败网队,取得了总冠军。罗宾逊,在他还差 2 个月就要年满 38 岁的时候,在场上作出了具有统治力的表现,全场得到 13

分 17 个篮板和 2 个盖帽。罗宾逊和邓肯齐心协力在篮板球上彻底击败了新泽西，最终马刺队在篮板球上取得了 55 比 35 的巨大优势。

“我的最后一场比赛，彩旗飞舞，世界冠军。你还能找到比这更好的剧本吗？”罗宾逊问道。

“我非常激动，因为罗宾逊用那样的一场比赛来结束他的职业生涯，”马刺队主教练波波维奇说道，“他的表现实在是太棒了。他显示了对他来说帮助我们获得这个胜利是多么的重要。”

“有那么一瞬间在场上的时候，”邓肯说，“我真的在想，你知道，我不会再和这个家伙一起打球了。我不得不在没有他的情况下站到这个球场上。那将会变得很奇怪。”

罗宾逊就是印证那句古老的谚语“会等的人好事多”的一个活生生的例子。在 1987 年拿到数学学位并从美国海军学院毕业以后，罗宾逊在加入 NBA 之前，首先完成在海军的两年服役。

他是海军学院篮球历史上最出色的球员。在刚加入球队时，作为一名 6 尺 4 寸缺少经验的新人，他平均每场得到 7.6 分和 4.0 个篮板，但他在海军学院期间长高了 7 英寸，并开始变得威力巨大。在三年级的时候，他平均每场得到 22.7 分（比二年级时的 23.6 分略有下降），并在 NCAA 的篮板排行榜上以 13.0 分排名第一，还创造了平均每场 5.91 次盖帽的 NCAA 分区 I 的纪录。他在那个赛季的一场比赛中单场有 14 次盖帽，这也同时创造了学院的一项新纪录，而那个赛季总共 207 次的盖帽数也是学校历史上的最高记录。

拥有1987年NBA头号选秀权的马刺队在认真考察了罗宾逊大学期间的表现之后认为，他是值得球队为其而等待的。

就像计划好的那样，罗宾逊在1989—1990赛季作为一名24岁的新秀加入了马刺队。作为NBA中最有天赋以及全面的球员之一，这名前海军学院的优秀球员赢得了这个赛季全部6个月的NBA月最佳新秀的荣誉，并在赛季中期被选入全明星赛，而在赛季结束之后，他也顺理成章地当选了NBA的年度最佳新秀。

罗宾逊同时还是NBA历史上第一个在单个赛季中同时在篮板、盖帽和抢断上都排名前5的球员。他的优异的表现使他连续第二次进入了NBA第一阵容，连续第三次参加NBA全明星赛。而那个赛季的最大的亮点则是他当选了NBA的年度最佳防守球员。

罗宾逊代表美国队参加了1996年的奥运会，并在亚特兰大的主场观众面前拿到了金牌。接下来的一个赛季中，罗宾逊在他职业生涯的巅峰遭遇了他最黑暗的一段时光。不过，这却为他后半段的职业生涯以及马刺队的未来奠定了基础。

不过，罗宾逊的最后一个赛季是以无数的荣誉收场的。因为马刺队一雪前耻，击败了老对手，卫冕冠军湖人队，进入到了总决赛。在这次对阵洛杉矶湖人的西部半决赛关键的第5场比赛中，最后时刻霍里的三分球弹框而出，罗宾逊抓到篮板，从而使得马刺队以96比94险胜。如果霍里的这一个三分命中的话，将会帮助湖人队完成25分的大逆转，而这可能使得马刺争夺总冠军的希望彻底破灭。不过，圣安东尼奥人还是在洛杉矶全身而退并在第6场中击败对手，赢下这个系列赛。

紧接着，马刺队4比2击败了快攻见长的小牛队，进入到了同网队争

夺冠军的总决赛。在这个6场的冠军系列赛中，罗宾逊得到10.8分、7.3个篮板、1.83个盖帽和1.17次抢断。

“今晚，是一个伟大的时刻，因为我们有机会同罗宾逊说一声：‘再见！’”NBA总裁大卫·斯特恩在为总冠军颁发奖杯的致词的一开头中就这样说道，“谢谢你！罗宾逊！”

美国海军学院小百科

美国海军学院有很多锈迹斑斑的古炮，每一尊都比学院的年龄大得多。1845年，以好战和扩张著称的詹姆斯·波尔克总统强令短期内创立一所海军军官学校，以适应越来越急迫的海洋战争。海军司令乔治·班克罗夫特将军仓促之中，只好在安纳波利斯的一处海岸炮台上组建了带培训性质的“美国海军学校”，1845年10月10日开学时，只有来自海军内部的50名学员和从全国各地急招而至的7名教官以及迎接他们的无数岿然不动的古炮。

第四课　成就梦想的地方

失败是什么？没有什么，只是更走近成功一步；成功是什么？就是走过了所有通向失败的路，只剩下一条路，那就是成功的路。

在马里兰州安纳波利斯市，森严肃穆的美国海军学院是无数热血青年魂牵梦萦的殿堂，如同迎风飘扬的美国星条旗，永远在心头荡漾。

学院以其严明的校规和苛刻的训练课程闻名于世，位列全美最辛苦的十所大学之一，只有意志、品质、体质、学识全方位过硬的学员才能胜利地从学院毕业。

美国海军学院的招生推荐制度别具一格，按照美国国会1903年发布的法令，每个参议员、众议员可以向学院推荐两名学员，国会议员不必直接认识他们推荐的人。

假如一个学员毕业或

离开学院，则他的位置就空缺了，议员对每个空缺位置可推荐10名竞争者，这10名竞争者被学院考察选择，身体健康和学业上达到学院的标准才被收录。

一般来说，被推荐者要完成一个申请、写一或多篇文章，获得一或多封推荐信才会被推荐。

未被录取的，但是被认为是合格的竞争者一般进入预备学校，一年后再经过考察方可进入学院。

此外，军队中荣誉勋章获得者的子女只要符合收录条件就可以被收录，不必被推荐。

申请入学的申请者必须是美国公民，未婚，道德品质优秀。目前的选择过程包括提交申请，性格测试，标准测试和他人介绍。此外申请者还要参加身体素质测试以及一个完整的健康测试，其中也包括远距视力临床测定。

1976年，美国国会批准所有军种院校对妇女开放，海军军官学校也开始接受女性学员。目前，该校在校学员达4500人。女性学员一般占新生的15%—18%，她们与男学员攻读同样的学业课程，接受同样的职业训练。

22岁的劳拉·马丁代尔5月28号从位于马里兰州安纳波利斯市的美国海军学院毕业，她是打破美国海军最后一道性别樊篱、成为首批上潜艇服役的女军官之一。

马丁代尔说："我进入海军学院的时候，一直认为潜水艇是一个神奇，但是不对女性开放的地方。多谢国会议员和海军将领们，他们认为让女性上潜艇服役是很重要的。我因此才能成为在潜艇服役的女军官之一。"

1994年以来，美国女性可以在海军战舰服役。直到2009年年底，美国海军方面才提出可以考虑让女性官兵上潜艇服役。而一直拖延至今的原因可能是招募方面有困难，因为海军对潜艇官兵的技术要求是最严格的。

据报道，美国海军希望能甄选19到20名女性官兵，其中11名来自海军学院，其余的来自海军其他部门。

毕业之后，马丁代尔和其他获选人员将加入一个潜艇训练项目，她们可望被正式编入潜艇部队服役。

自从1933年美国国会授予海军学院颁发科学学士学位的权利之后，迄今学院可以在20个学科专业颁发学士学位，2001年新增了信息技术专业学士学位。

美国海军学院小百科

1845 年美国海军部长乔治·班克罗夫特建立了海军学校。学院的校园本来是陆军的一个基地。学校于 10 月 10 日开学，当时有 50 个学生和七位教授。一开始学校的学习时间为五年，但只有第一年和最后一年在学校度过，其它三年在海上度过。1850 年学校重新组织，名字改为今天的名字，由后勤和水文署的署长管理，学期被延长为七年，前两年和最后两年在学校度过，其它三年在海上度过。1851 年在学校的四年被连到了一起，在海上的三年放到此后。学院的第一批毕业生于 1854 年 6 月 10 日离校。1862 年美国海军航海局建立后学院归这个局管理。1867 年学院直属美国海军部，但航海局多年中一直提供管理和经济管理服务。2004 年学院院长直接向海军军令部长报告。

第五课　美国海军学院名人榜——马汉

目标的坚定是性格中最必要的力量源泉之一，也是成功的利器之一。没有它，天才也会在矛盾无定的迷径中徒劳无功。

走近人物

马汉1840年9月27日出生在西点军校的教授楼里，其父老马汉28岁时就成为当时西点最年轻的教授。

他给儿子取名赛耶是为了纪念为西点作出过重要贡献的赛耶校长。1854年马汉进入纽约的哥伦比亚学院。虽然老马汉是美国陆军军官学校的校长，马汉却违背了父亲的意愿在两年后转入美国安纳波利斯海军官校三年级就读。1856年马汉进入安纳波利斯海军学校学习，1859年以第二名优异成绩毕业并进入海军服役，曾任炮舰舰长。

1885年任美国海军学院教授，讲授海军史及海军战略，并开始其著述生涯。马汉在1886—1889，1892—

1893年两度出任海军学院院长，在职期间马汉将自己的军事思想投入到教学中，把以前的分散的舰只战术综合为舰队战术体系，还亲自为学生上课，制作模型。被学员尊为海军中的若米尼。1896年马汉退休，但仍然继续研究写作相关海权论著。

【人物简介】

阿尔弗雷德·赛耶·马汉（Alfred Thayer Mahan），马汉的思想深受古希腊雅典海军统帅地米斯托克利及政治家伯里克利的影响，主要著述有《海权对历史的影响1660-1783》，《海权对法国革命及帝国的影响，1793—1812》，《海权的影响与1812年战争的关系》，《海军战略》等。

1898年担任美西战争的指挥官。1899年第一次海牙和平会议，以美国代表团顾问及美国海军作战委员会委员身份出席，坚决反对裁军。1902—1903年马汉被选为美国历史学会的会长。

1906年美国国会通过法案，把所有曾在内战时服役的海军上校皆升为备役少将，马汉虽接受了这份荣誉，但在著作上，仍保留其上校阶级。1908年出任美国海军事务委员会主席。1911年发表《海军战略》。1914年12月1日因心脏病发作，逝世于华盛顿海军医院。

马汉和他的“海权论”

马汉认为制海权对一国力量最为重要。海洋的主要航线能带来大量商业利益，因此必须有强大的舰队确保制海权，以及足够的商船与港口来利用此一利益。马汉也强调海洋军事安全的价值，认为海洋可保护国家免于在本土交战，而制海权对战争的影响比陆军更大。他主张美国应建立强大的远洋舰队，控制加勒比海、中美洲地峡附近的水域，再进一步控制其他海洋，再进一步与列强共同利用东南亚与中国的海洋利益。马汉的海权论对日后各国政府的政策影响甚大。美国总统西奥多·罗斯福控制中美洲的“巨棒政策”是以马汉理论为基础。直到冷战结束后美国在亚太地区的部署都以马汉理论为原形。

马汉并且提出了相关的战略，主要以英国为例，讨论一国的地理、人口、政府政策等六项基本因素对海权的影响。

【经典语录】

放弃时间的人，时间也放弃他。智慧里没有书籍，就好像鸟儿没有翅膀。

最理想的位置是居中央位置的岛屿，并靠近主要的贸易通道上，有良好的港口和海军基地。例如：不列颠群岛与欧洲大陆的距离不远不近，既足以使英国获得对抗外敌入侵的相当安全保障，又便于打击敌人，换言之，进可攻退可守。

英国以英吉利海峡和欧洲大陆相隔，不仅有水为屏障，且距欧洲大陆近，因此英国不需维持大陆军，而可集中国力发展海权，以优势的海军来封锁欧洲大陆港口，并控制出入欧洲北部的航线。与英国成强烈对比的是法国，它不仅要维持大陆军，而其海军也必须分驶大西洋与地中海，因此在海权竞争中，法国对英国便居于劣势。

它具备绵长之海岸线及拥有良好可用的港口。海岸线可决定向海洋发展的难易程度，良好港湾则代表向海发展的先天潜力，而土地的肥沃与否，则影响人民讨海为生的意愿和需求。

一个国家的海岸线是其边界的一部份，凡是一个国家其疆界易于与外界接触者，其人民便较容易向外发展，与外面世界相交往。地形平坦、土地肥沃可能使人民安土重迁，不愿投身海洋，如法国。相反，则逼使人民不得不讨海维生，如荷兰、葡萄牙。岛国及半岛国家受限于地形上的因素，若欲发奋图强，则必须重视海权的发展。

马汉认为国土的大小必须与人口、资源及其他权力因素相配合。一个国家人口的总数与海岸线总长度的比例，具极大重要性。否则广大的领土可能反而成为弱点。

如面积太大，而人口与资源不成比例的国家，防守密度低，国家的危险性增高，假使又被河川或港口所割裂，则更是一大弱点。以美国

内战时的南方为例，以人口和资源的比例而言，其面积是太大了，尤其是有了太长的海岸线和太多的内陆水道，兵力易被分割而导致失败。

领土幅员应和人口、资源等因素相配合，地广人稀、过度绵长的海岸线及内陆水道众多等，有时反而成为弱点，如美国南北战争时之南方领土即是。

提供从事海洋事业的人员培育，储备海军后备力量，人口数量和素质对海权均为重要基础，海权国家不仅应有相当数量的从事航海事业人员，而且其中直接参加海洋生活的人数更应占相当高度的比例。国家的平时航海事业(包括航运和贸易)足以决定其海军在战争中的持久力。英国即为典型例证，它不仅是航海国家，而且也是造船和贸易国家，拥有发展海权的必要人力与技术资源。想向海洋发展的国家，不仅应有相当数量的人口，而且其直接或间接参加海洋活动的人数，也应占相当的比例。

面向海洋，促进商机及航运发展，国民对海上贸易的意愿及航海生产能力的心理因素亦极重要。若国民以向海洋寻求财富为荣，航海事业自然蓬勃。海洋商业与海军的结合，再加上殖民地的开拓，终使英国成为海权霸主。主要为贸易愿望(重商主义)和生产能力，有此心理基础，人民才会走向海洋寻求财富。

政府的战略主张，影响海军武力的运用；政府必须明智而坚毅，始能对海权作长期发展。英国的成功主因即在此。自詹姆士一世开始，英国的国家政策即一直以追求海外殖民地、海上贸易和海军优势为目的。政府若明智而坚毅，培养其人民对海洋的兴趣，则海权的发展也自然比较容易成功。

马汉认为英国之成就为空前海洋强权，除了具备上述基本条件的优势外，其

【马汉海权论的巨大影响】

马汉是美国杰出的军事理论家，曾两度担任美国海军学院院长，他的著作被后人称为“海权论”三部曲，它的关于争夺海上主导权对于主宰国家乃至世界命运都会起到决定性作用的观点，更是盛行世界百余年而长久不衰。直至今天，《海权对历史的影响》仍被认为是历史上产生过巨大影响的军事名著之一。

【"海权论"的定义】

一种主张拥有并运用具有优势的海军和其他海上力量，去控制海洋，以实现己方战略目的的军事理论。也有人译作"海上实力论"。

政府海权运作的适切，实居关键。在海权运作方面，马汉认为英国若无海运贸易能力，无广大殖民地(资源、基地和市场)以及训练有素的海员和船舰，则英国虽有先天优越条件，亦将无能为力，尤其在战争工具运用上，即制海权争取上，英国通常均以在海上击灭敌国舰队或对敌港口建立封锁为一贯指导，更是重要因素；相反的，法国却热衷于领土的征服而未着眼于击灭英国舰队，于是结果便完全不同。

（一）马汉引证英国在拿破仑时代的战争中获得海上霸权的事实，来证明欲发展海权必须以强大的海军控制海洋，以掌握制海权：拿破仑几次企图渡过海峡征英皆告失败后，于1798年征埃时，其海军在尼罗河口海战时遭英国纳尔逊将军所率领的舰队重创，地中海制海权尽失，本国与埃及远征军的交通线被切断而告失败。1801年，拿破仑为了削弱英国的商业，号召各国武装中立，俄国、丹麦、瑞典及普鲁士皆参加，一致反对在波罗的海行使交战国权利。英国必须仰赖波罗的海各国输入橡木、绳索和帆布，所以无法容忍上述诸国参加武装中立，乃派遣波罗的海舰队，以武力来打破拿破仑的武装中立政策。在哥本哈根海战中击败丹麦海军舰队取得进出波罗的海的自由后并进入芬兰湾，打破武装中立的政策。1805年在特拉法加海战中，英国舰队击败法西联合舰队，建立英国海军的无敌霸权。

【"海权论"的内容】

1. 马汉认为海军的目的在于会战，而最终的目的则为取得制海权以控制海洋，因此舰队所需要的不是速度，而是强力的攻击火力，拥有优势的海军，才能控制海洋。

2. 拥有广大又富饶的海外殖民地及优良海港，有利于舰队补给、维修，对延伸海军战斗能力有很大助益。

（二）海权的发展属外线作战，以攻击为主要任务，陆权则以防御为主。

（三）有优势之海军，优良的海外基地、海港，才能与敌人抗衡，发挥海权之力量。马氏认为海权必须能确保自己的交通线安全，并同时能切断敌人的交通线。交通线愈长，则海权所能赐予的利益也就愈

大。而交通线的建立，就依赖线上的各个海外基地（殖民地）与海港了。英国在18世纪在地中海南岸拥有众多海外基地，因此方能封锁法国海岸，拥有地中海制海权；法国拿破仑远征埃及，其目的即欲切断英国经地中海到印度之交通线。

（四）丹麦的日德兰半岛与西兰岛控制北海与波罗的海的航道咽喉；直布罗陀海峡紧扼大西洋与地中海的交通；苏伊士运河为地中海与印度洋的海运衢道，若能掌握这些战略要地，就可发挥以海制陆的优势。

海权控制陆权的地带：

一、海峡。海峡是交通枢纽地带，掌握海峡即可控制敌人之海上运输，阻止其海权之发展；

二、半岛。半岛伸入海中可享海上交通、运补之利，亦可发挥陆海协同作战之效果；

三、岛屿。岛屿如获有优势的空权与海权，则可发挥其控制陆权之战略据点价值。

马汉的海权论对各国的影响

（一）美国：1901年老罗斯福当选美国总统后，极受马汉海权思想之影响，致力发展海权。除舰队的扩建及积极夺取太平洋各战略岛屿外，且开凿并控制巴拿马运河及加勒比海之战略海上基地，成为当今海权霸主。

（二）英国：英国对马汉之海权思想推崇备至，在1889年英国政府提出海军扩充计划时，马汉的理论成了最强力有的辩护理由。

（三）法国：法国很重视马汉对于法国海军政策的批评，并且称赞其思想具有真正的创造性。

（四）德国：德皇威廉二世及海军部长铁毕兹(VonTripitz)亦深受马汉影响，致力发展海军，但德国却忽略了马氏的一项重要训条："一个国家无法同时发展陆权与海权"，导致德国陆军反而受经费影响而减低其战斗力。

美国海军学院所有学员都编入学员旅，四年级的学员任学员军官，学员旅中的大小单位，从旅到排，都由学员军官担任指挥和参谋人员。学员军官在任旅长和营、连长的军官的密切监督下，由三年级的学员协助，管理整个学员旅。

第三章　美国海军学院的教育

海军军官学校毕业生长期以来是美国海军正规军官队伍的“骨干”和“中坚”，占美国现役军官总数的18%，毕业生服满规定的5年服役期继续留队者约占毕业生总数的60%。在海军职业军官中（通常指军龄在10年以上者），该校毕业生约占50%。他们在进高一级院校深造和晋升方面，通常都处于优先地位。

第一课　发达国家军事学院的教育体系

美国海军学院创建于18世纪中叶，它有160多年的历史，其军事教育历史比较长，形成了比较完善、各具特色的培养教育体系。

1.以“精英人才”、“领导者”为培养目标

一方面，严格控制指挥军官学历教育规模，确保人才培养精英化。美国、韩国等国家的军队，将生长军官集中在一所学校进行精心培养。如美国安纳波利斯海军军官学校每年毕业学员只占海军每年补充新进军官数量的一小部分，比例虽然不高，但却个个是精英，美海军半数以上的将军和除两任以外的历任海军作战部长均为该校毕业学员。

另一方面，高度重视军官领导力的锤炼，确保人才培养精英化。发达国家职业军事院

校普遍认为，精英人才和普通人才的根本区别就在于“领导力”的高低。

美国西点军校、安纳波利斯海军军官学校和各级任职培训学校都把为军队和国家培养“未来的领导者”作为办学宗旨的核心，充分体现了美国军事教育的“精英教育”特色。安纳波利斯海军学校的目标是“正在为明天和下一个千年培养出类拔萃的领导人物”。

美军打赢伊拉克战争后，美国国防部长在谈到获胜的原因时说，美军高超的军事领导艺术是“迅速取胜的主要因素之一”。英国皇家陆、海、空三军军官学院的目标都是培养未来的军事领导者，学院的校训是“为成为领导者而服役”。

在英国皇家海军军官学院的三年制班级中，领导能力训练是所有学员的必修科目，领导能力的培养贯穿于三年学习与训练的全过程。德军的初级职业军事教育也以培养集领导者、训导员和教练员于一身的优秀职业军人为目标。

西方发达国家军队把指挥人才的培养目标定位于领导者，而不仅仅是军官，这是一种不同于一般意义上的以培养“人才”或“专门人才”为目标的教育理念。

对于教育者来说，它具有强大的“牵引”作用，确立了人才培养的高标准；对于受教育者来说，则具有强大的“激励”作用，提升了受教育者实现自身价值的期望，能够有力促进受教育者综合素质的提高。

2.培养规格是高标准、大投入

首先，在选拔培养对象上做到了“高起点”。在世界发达国家，学生要进入军官学校学习，必须通过严格的竞争考试才能入学。如美国安那波利

斯海军军官学校，招生制度十分严格，采取了推荐与考试相结合的招生方式。其中，85%～90%为高中生，由总统、副总统、参众两院议员等“资格人士”推荐；10%～15%为优秀士兵、军人遗属和荣誉勋章获得者的子弟，由部队主官推荐。

为保证质量，每推荐一人，必须同时推荐9名候选人，以供选择。所有被推荐的学员必须是优秀的高中毕业生，入学考试成绩高于一般大学的要求。

同时对学生的健康状况和活动能力都有非常严格的要求。良好的生源质量，保证了军官学校的大学基本教育与地方名牌大学处于同一水平，从源头上保证了初级军事指挥人才的培养质量。

其次，在培养过程中实现了“淘汰制”。

西方发达国家军队院校的淘汰机制十分完善，淘汰十分严格。如在安纳波利斯海军军官学校，学员进入学校实属不易，而入校后要成为一名合格的毕业生更不容易。新生入学后，要进行6—8周的军训，训练要求高、强度大，并有一定的淘汰率，有时可达15%。

成为正式学员后，每学期进行成绩评定，成绩不合格者将随时被淘汰。

学习四年后如果不符合毕业条件，仍将作退学处理。军校的领导者认为：实行淘汰制可以激发学员刻苦学习、奋发上进的精神和荣誉感，把确实不宜留在军队的人淘汰掉，有利于军队的质量建设。

正是这种严格的选拔机制和高达25%—30%的淘汰率，使美国安那波利斯海军军官学校毕业的每个学员都成了军中的精英。

再次，在教育投入上体

现了“力度大”。人才培养规格的“高标准”必然要求加大教育投入力度。美、英、法、德、韩等发达国家在军事院校建设上的投入力度都比较大，为军事院校创造出比地方重点院校更优越的教学、生活条件。如，韩国海军军官学校师生比达到了1：1，每年仅招收200名新生，每个教学班约15人左右，每个学员在4年学习期间有3次近海航行和1次远洋航行机会。

美国海军军官学校年办学经费超过3亿美元，图书馆可通过互联网与国内外11000个图书馆保持联系。世界发达国家军事教育的经验证明，精英人才的培养质量离不开军事教育的“大投入”，没有“大投入”就没有“高产出”。

3. 培养途径是社会化、合作化

世界发达国家初级军事指挥人才培养途径主要是“社会化”，普遍采用依托国民教育培养生长军官的做法，由国防部军事教育机构和地方教育机构，按照高等军事院校和地方高等院校培养军官一体化原则共同组织。这些国家依托国民高等教育培养海军生长军官的比例都比较高，一般

在30%—80%之间。

不同国家采取的依托方式不尽相同，如，美国有70%左右的初级军官在地方院校完成学历教育；英国有三分之一的生长军官在地方大学接受训练；俄罗斯海军对医务、法律、社会科学、人文以及某些工程技术专业采取“3+2”方式“依托培养”，即前三年在地方大学学习普通科学，后两年在军事院校或地方大学军事专业院系学习军事专业。

这些国家军队认为，依托地方高等教育培养生长军官，不仅是初级军官来源多样性、军官群体知识结构多元化的需要，也是保持军官学历教育院校办学的开放性、获取军队和社会办学力量投入、保持较高办学水平的需要。

4. 培养模式采取“分段式”、“通专化”

发达国家对生长军官的培养主要有三种模式。第一种是以俄罗斯为代表的“分阶段长学制”模式。俄军生长军官培养从苏联时期起，走过了一条从“军事专才——指技结合——新型通才”的道路。苏联解体后，俄军调整初级院校的培训体系，一方面将军事指挥与工程技术学校合并，把一部分工程技术学校改为指挥学校；另一方面大幅度增加指挥学校的专业技术含量，开设了军事与技术结合、文理工交叉的课程，培养科学文化基础扎实的军事“通才”。

从1995年起，实行国家统一的教育标准，将原来的四年和五年学制分别改为五年和六年，分“不完全高等教育、基本高等教育和完全高等教育”3个阶段，对生长军官实施系统的普通高等教育和军事专业教育。

其中，“不完全高等教育”阶段为大学第一、二年级，主要学习科学文化基础知识；“基本高等教育”阶段为大学第三、四年级，主要完成普通高等教育专业学习，获得学士学位；在此之后，进行“完全高等教育”阶段教育，时间1—2年，主要进行军事专业的针对性教育，重点掌握与未来岗位密切相关的知识和技能。

第二种是以美军为代表的“大学后专业加工”模式。

比如，美国海军军官学校学员完成宽口径的四年大学本科教育、打下坚实的文化基础后，根据第一任职岗位的需要，被派往海军各兵种学校继续学习，接受担任初级军官职务的专业训练，为期3—15个月不等。兵种学校开设有各种专业训练班，通过短期职业训练使学员掌握独立工作能力。第三种是以德军为代表的“先专后通”模式。德军的“先专后通”别有特点，军官在任排长、连长之前，全部是军事专业教育，不搞学历教育。优秀的士兵先入军校学几个月，出来当班长。班长再进校几个月，回来当排长。到了连这一级，如果想继续在部队服役，就要签12年以上合同，送到军队办的两所大学学习科学文化，主修的专业完全由个人根据自己的兴趣、爱好和退役后的打算来决定，一般与军事职业没有多大关系，学员在校不穿军装，毕业时发国家文凭，不打算在部队干的，就不安排学历教育。

5. 人才成长过程是“阶梯式”、“多岗制”

为了不断提高指挥军官的领导能力和专业水平，各国都按照军官职业教育连续性原则，建立了“阶梯式”逐级培训体制，几乎所有外国军队都制定了军官晋升和接受培训的严格规定，继续教育体系与军官职业发展相一致，与军官生长、任职和晋升环环相扣，紧密衔接，贯穿军官的整个职业生涯。俄、

美、英、法、德、日等国军队均建立了初、中、高三级军官晋升培训体制，在任命新职和晋升之前，必须经过院校和训练机构培训。

除了严格执行“阶梯式”逐级培训体制外，世界发达国家军队还普遍坚持指挥军官岗位轮换制度。这些国家认为，实行军官轮换制度，有利于开阔军官的视野，扩大知识面，增加阅历，达到全面锻炼能力的目的。

德军要求各级军官在部队、院校、机关工作的时间各占服役时间的三分之一，并明确规定，总参谋部军官，每隔2—3年，调动一次工作，一般军官轮换时间为3年。法军对晋升的要求十分严格，如晋升上校，晋升者在任少校至中校军官期间，必须在部队或机关某一部门担任2年主官。

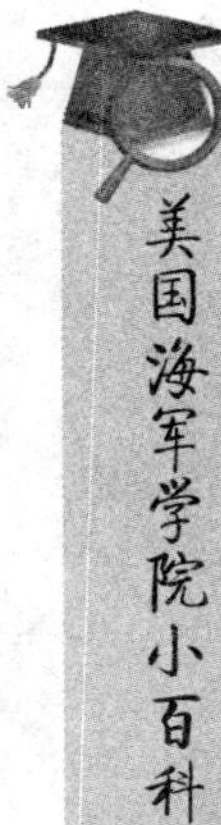

美国海军学院小百科

美国海军学院仅是军官教育的第一步。学员在毕业授衔后的整个服役期间内会不断地接受理论的与实际的专修科技方面的课程，在教学、自然科学和工程学上的要求就比主修非科技方面的课程高得多，但不要求学外语。

第二课 知识铸就三叉戟

成功呈概率分布，关键是你能不能坚持到成功开始呈现的那一刻。

创建于1845年的美国海军学院有着光荣的历史与传统，是孕育军政要员的摇篮，也是在全美最具影响力的十所大学之一，学院的座右铭是："知识铸就三叉戟"。

从字面上来翻译，这句拉丁文的意思是"三叉戟是用知识铸造的"，三叉戟是希腊神话中海神波塞冬的武器，是海军力量的标志，因此意译这句话的意思是"制海权来自于知识"。

学院也使用海军"荣誉、勇气和奉献"以及"卓越但不高傲"等格言。由此可见，只有意志、品质、体质、才学全方位过硬的学员才能顺利地从这里毕业。

美国《新闻周刊》与著名教育机构卡普兰联合推出2005年度美国25所热门大学。马里兰州安纳波利斯海军学院被评为“最受欢迎的军事院校”，在入选评语中写道：“美国海军学院，入学相对容易，但四年的课程要求严格，技术性强。校园生活注重传统。毕业生成为美国海军或海军陆战队现役军官。”入选“2005年最受欢迎大学”的全部25所学校拥有一个共同特点：教育水平都相当出色。它们凭借各自的特点和差异而受到学生的热烈欢迎。申请学生的成绩、素质和课外特长也相当突出。

美国海军学院的运动员队称为准尉队。准尉队参加美国全国大学生体育协会的橄榄球赛和爱国联盟的其他体育比赛。球队的吉祥物是山羊比尔。学院学生必须参加体育运动。假如学员不参加学院间的比赛的话，他必须参加学院内的体育活动。除体育外学生还可以参加乐队、宗教组织、学术组织等。

建校160多年来，美国海军学院的许多毕业生功成名就，学院毕业生长期以来是美国海军正规军官队伍的骨干和中坚，占美国现役军官总数的18%。毕业生5年服役期满继续留队者约占毕业生总数的60%。

在海军职业军官中，该校毕业生约占50%。他们在进高一级院校深造

和晋升方面，通常都处于优先地位。160多年来，该校毕业生在海军将官队伍中一直占最大比例，素有“未来海军将官苗子”之称。

这些人物的人生旅途都曾以安纳波利斯为起点。对海军军官学校的广泛影响，美国前海军五星上将哈尔西·菲尔德评述道：“在美国，每个来自海军军官学校的毕业生，在其军事生涯中，都感觉到了海军军官学校的影响。海军军官学校潜移默化的影响遍及整个海军。”

当然，也有玷污学校校训和座右铭的事件发生，这些事件破坏了学院的名声，给学院的声誉抹了黑。

2002年12月31日，时任美国海军学院院长里查德·诺顿中将因在海军学院大门口与卫兵发生了“不当接触”，并对这名卫兵造成了“身体伤害”而遭到指控。

诺顿时年56岁，1968年从美国海军学院毕业后，他开始了30余年的戎马生涯。

他曾经担任美国海军“企业”号航空母舰舰长，并在1991年海湾战争中指挥“新奥尔良”号航空母舰成功地将美国海军陆战队士兵运送到科威特登陆，随后又在科威特附近海域执行了扫雷任务。

2002年12月31日晚，诺顿外出参加私人聚餐后，在返回海军学院时被门口的值勤哨兵拦住，并被要求出示证件。

诺顿感到十分恼火，于是就上前抓住了这名卫兵的手。后被海军监察机构调查所证实，诺顿被迫辞职。

2006年5月8日，美国海军学院起诉了该学院橄榄球运动员莫里森。莫里森与他的队友——海军学院橄榄球队队员欧文斯被控在宿舍里灌醉女生实施强暴，两人在接受特别军事法庭的审判以后，低头认罪。

美国海军学院小百科

按照一个美国国会1903年发布的法令，每个参议员、众议员和国会代表可以向学院推荐两名学员，华盛顿哥伦比亚特区可以推荐两名学员，但最多每年在学院里不可有多于五名由同一个国会代表推荐的学员。目前每个国会代表和副总统可以同时有最多五名由他推荐的学员。假如一个学员毕业或离开学院，则他的位置就空缺了。这个过程与政治无关，国会成员也不必直接认识他们推荐的人。一般国会成员对每个空缺位置推荐十名竞争者。他也可以推荐一位主要提名。在竞争者的情况下这十名竞争者被学院考察选择最佳的。在主要提名的情况下只要这位被提名者在身体健康和学业上达到学院的标准就被收录，不管是否其他被推荐者更适合。一般被推荐者要完成一个申请，写一或多篇文章，获得一或多封推荐信才会被推荐。

第三课 美国海军学院名人榜——里科弗

伟人之所以伟大，是因为他与别人共处逆境时，别人失去了信心，他却下决心实现自己的目标。

从波兰移民到美国

里科弗是波兰裔犹太人，1900年1月27日，生于波兰华沙北部的一个偏僻村庄马库夫。1906年，他随做裁缝的父母移民美国，定居芝加哥。由于家境贫寒，里科弗从小学到中学都是通过半工半读完成的。

18岁那年，里科弗完成了高中学业，却无力支付大学的费用。后来，在一位参议员的推荐下，里科弗得以进入著名的安纳波利斯的美国海军军官学校学习。大学4年，里科弗几乎把全部的精力都投入到学习和体育活动中。里科弗取得工程学士学位，被授予少尉军衔之后，主动要求到西海岸的水面舰艇部队任职。

5个月后，好学的里科弗又提出到海军研究生院继续深造的申请，很快便获得批准。进入海军研究生院仅一年，里科弗又因成绩突出而被选送到哥伦比亚大学工程学院进一步深造，并获得该校电气工程硕士学位。其

后，里科弗在美海军历任战列舰轮机长、扫雷舰舰长和潜艇艇长。

1939年，里科弗调入海军舰船局,同年夏天,一位拥有博士头衔的美国海军军官罗斯·冈恩向海军部递交了一份关于研制核动力潜艇的报告。然而,由于当时科学技术水平仍普遍偏低，加之不久美国也卷入二战,因此这项计划被搁浅。

二战结束后，冈恩等人再次为核潜艇运用多方奔走，引起了高度重视。1946年初,美国海军派遣了一个由5名优秀技术军官组成的小组，前往核研究中心——田纳西州橡树岭学习核技术，已获得海军上校军衔的里科弗闻听这一消息后非常兴奋,在他的艰苦努力下,终于获得了这个小组的负责权。

变成核工程专家

在橡树岭的日子里，里科弗对核动力技术完全着了迷。每当遇到难题,他总是虚心地向各方面的专家请教;并与小组其他成员琢磨检验每一个研究项目,精心核算成千上万个数据。功夫不负有心人,在很短的时间里,里科弗就从一个技术军官变成一位核工程专家。

1948年5月1日,在里科弗上校的积极申请下,舰船局上级设立了核动力部,但是也就是设立了部门而已,并没有获得实际的支持。里科弗四处游说,陈述将核技术与潜艇相结合的种种好处,美国最高决策当局作出了建造核潜艇的决定，里科弗被任命为国家原子能委员会和海军船舶局两个核动力机构的主管,同时兼任核潜艇工程的总工程师。

里科弗着手核动力潜艇建造之始，即为核潜艇发展确定了正确的设计方向——要在较小的空间内设计安装全新的核反应堆。利用核裂变产生热量驱动蒸汽轮机发电,使潜艇能在水下长时间高速航行。

为了以防万一,核潜艇的建造基地放在了荒无人烟的内华达沙漠中。核潜艇的最关键装置是核反应堆，里科弗最后选定的是由通用电气公司承建的液体金属冷却式大型核动力装置。为了确保万无一失,里科弗坚持对反应堆的每个部件都进行抗高热、抗震动试验。同时,他还大胆决定:建造两套与陆地实验室相同的反应堆直接装入潜艇机舱中,同步进行试验。出于模拟核潜艇真实作战环境的需要，里科弗还特地设计建造了长约16米、直径1米的缩小比例潜艇,让其经受深水炸弹等爆炸破坏的检验。

“鹦鹉螺”顺利下水

1952年6月14日,在美国康涅狄格州的格罗顿造船厂,举行了第一艘核动力潜艇“鹦鹉螺”号的龙骨铺设仪式。

这艘潜艇以法国科幻作家凡尔纳的名著《海底两万里》中的梦幻潜艇

命名，1953年，里科弗晋升为海军少将，同年6月25日，核反应堆开始满功率试验，持续工作24小时后，在场的工程专家都认为，所获数据足以证明该装置已达到要求，要求停止试验进行全面检查。但里科弗坚决不同意，下令继续试验，他坚持整个试验必须完全符合潜艇水下横渡大西洋满功率的要求。

当试验运行到60小时，人们发现某些仪表已不能正常显示读数，接着一台循环水泵发出尖叫，几小时后，主冷凝器的管壁出现破损，蒸汽压力剧降。这时负责承建的西屋电器公司代表建议停止试验，就连原子能委员会海军反应堆部的权威人士也主张停止试验，但里科弗却坚持不下达停试命令。直到操纵室海图上的标志点从美国抵达爱尔兰后，里科弗才下达了停止命令。核反应堆停止运行并冷却后，有关专家对其进行了全面检查。结果非常令人惊喜：没有发现任何致命性的损伤，这标志着第一艘核动力潜艇已具备横渡大西洋的能力。

1954年1月21日清晨，在一片欢呼声中，"鹦鹉螺"号核潜艇缓缓向水中滑去。经过努力，"鹦鹉螺"号在这年底全部竣工。该舰最大航速25节，最

大潜深150米。艇长97.5米，宽8.4米，吃水6.7米，水上排水量3700吨，水下排水量则达4040吨；配备6具533毫米鱼雷发射管，可携带18枚鱼雷；下潜深度为200米，潜航时最高航速达20节；可在最大航速下连续航行50天、全程3万海里而不需要加任何燃料。

“鹦鹉螺”号与当时的常规动力潜艇相比，航速大约快了一半。艇体外形与内部、动力仪器与作战装备，都是最精密的科学产品，用流线型的外貌与简便的控制装配起来，核动力装置占船身的一半左右。与普通潜艇相比，“鹦鹉螺” 号艇体外壳显得更为厚实，在深海中行进时，凭其特装的声呐，可以自由探路，绝无触礁撞石的危险。它是当时最先进的水下兵器。人们听不到常规潜艇那种轰隆隆的噪声，艇上操作人员甚至觉察不出与在水面上航行有何差别，它84小时潜航了1300千米，这个航程超过了以前任何一艘常规潜艇的

【核潜艇】

核潜艇是潜艇中的一种类型，指以核反应堆为动力来源设计的潜艇。由于这种潜艇的生产与操作成本，加上相关设备的体积与重量，只有军用潜艇采用这种动力来源。核潜艇水下续航能力能达到20万海里，自持力达60-90天。

最大航程10倍左右。

核潜艇的巨大优势

自1954年1月21日下水至1957年4月，经过三年多的试验航行，“鹦鹉螺”号核动力潜艇仅更换了一个反应堆活性区，仅消耗了几千克铀。航程达到62526海里。而常规潜艇要是以同样速度航行同样的距离，将会消耗大约8000吨燃油，“鹦鹉螺”号核潜艇单独试验成功后，里科弗又向海军决策当局建议：由它与几艘常规动力潜艇一起，参加反潜对抗演习。

演习中，“鹦鹉螺”号核潜艇再次显示出其特有的优点，1955年7—8月份，在“鹦鹉螺”号首次进行的作战演习中，它轻而易举地战胜了包括一艘反潜航母在内的反潜编队，在这次对抗演习中，“鹦鹉螺”号共“击沉”了7艘“敌舰”。随后在北约所组织的名为“反击”的演习中，受到“鹦鹉螺”号攻击的水面舰艇数量达到16艘，其中包括航母2艘、重巡洋舰1艘以及驱逐舰9艘，其余的4艘为油轮与货轮。在演习中，常规潜艇常常被发现，而核潜艇则很难被发现，即使被发现，核潜艇的高速度也可以使之摆脱追击。由于核潜艇的续航力大，用不着浮出水面，因而能避免空中袭击。

据美国统计，“鹦鹉螺”号在历次演习中一共遭受了5000余次攻击。据保守估计，若是常规动力潜艇，它将被击沉300次，而“鹦鹉螺”号仅为3次，“鹦鹉螺”号展示了核潜艇确实具有无坚不摧的作战能力。

到1957年4月止，“鹦鹉螺”号在没有补充燃料的情况下持续航行了11万余千米，其中大部分时间是在水下航行。至此，很多人以为，核潜艇发展到这个地步，完全可以批量建造并交付部队使用了。不过，里科弗并没有轻率地作出决断，而是再次要求“鹦鹉螺”号核潜艇进行一次北冰洋水下航行与探险，他认为只有从北冰洋冰层下通过，才有资格胜

【里科弗的贡献】

他实现了核动力装置小型化、实用化，并将它装设在排水量和体积都不大的潜艇上，使潜艇一跃成为世界强国海军日益倚重的水下战略打击武器。在其服役的60年里，里科弗成功地把美国海军带进了领先世界的核时代，由此，他被誉为美国的“核潜艇之父”。

任其他各种海域的航行。1957年8月,“鹦鹉螺”号核潜艇正式接受了探索北极的任务。

“鹦鹉螺”号核潜艇从北大西洋的格陵兰出发。经过11天的潜航,当它浮出水面时,已到了北极冰盖的边缘,完成了常规动力潜艇所无法想象的壮举。此后,1958年6月,“鹦鹉螺”号再次实施了它的北极航行,闯出了一条冰下航线。之后,美国宣布以后将不在制造常规动力潜艇。此后,苏联、英国、法国和中国相继制造了本国的核潜艇。

里科弗与核潜艇

里科弗很不擅长和领导打交道,他顽固、暴躁,甚至有些自高自大、冷酷无情,被称之为“几分钟就能把身边的人得罪光”的人。他藐视常规军舰,所以传统保守的海军的将军们并不喜欢他,甚至一心想把他赶出海军,但倔强的里科弗坚决不退役,并牢牢霸占美海军核动力舰艇权威位置,因此美海军高层内部戏称他为:“老贼”。

在长期的犹豫之后(并在公众的压力下),在1959年,里科弗被晋升为海军中将。肯尼迪总统上台后,宣布继续延长他的服役期限。实际上到1973年,里科弗才被晋升为海军上将,但里科弗虽然早到了退休年龄,却坚决不退役,后来美国总统干脆宣布他可以无限期服役。1982年,81岁高龄的里科弗才退役。

为了和核动力潜艇配套,里科弗在任期间,和当时的海军部长阿利·艾伯特·伯克一起全力打造一支全核动舰队,包括企业级核动力航空母舰,“长滩"号核动力导弹巡洋舰、"班布里奇"号核动力驱逐领

【核潜艇分类】

核潜艇按照任务与武器装备的不同,可分以下几类:攻击型核潜艇,它是一种以鱼雷为主要武器的核潜艇,用于攻击敌方的水面舰船和水下潜艇;弹道导弹核潜艇,以弹道导弹为主要武器,也装备有自卫用的鱼雷,用于攻击战略目标;巡航导弹核潜艇,以巡航导弹为主要武器,用于实施战役、战术攻击。

舰。但终于因为太贵了,美国海军也只建成了一支这样的舰队。里科弗主持了美国海军在80年代以前的所有核动力潜艇的建造，最后一个得意之作是18艘专门用于携载并发射“三叉戟”弹道导弹的“俄亥俄”级战略导弹核潜艇。

【神秘的水下作战武器——核潜艇】

核潜艇是核动力潜艇的简称,核潜艇的动力装置是核反应堆。世界上第一艘核潜艇是美国的“鹦鹉螺”号,它宣告了核动力潜艇的诞生。目前全世界公开宣称拥有核潜艇的国家有6个,分别为:美国、俄罗斯、中国、英国、法国、印度。其中美国和俄罗斯拥有核潜艇最多。核潜艇的出现和核战略导弹的运用,使潜艇发展进入一个新阶段。装有核战略导弹的核潜艇是一支水下威慑的潜艇。

有一件事情能说明里科弗的人缘:1964年由原子能委员会授予里科弗“费米”奖。根据国会对在前一年把该奖金授予奥本海默的反应，原子能委员会像小孩怄气似的硬把该奖金的现金额整整扣去一半,结果,里科弗只得到25000美元。

1982年,接近耄耋年龄的里科弗海军上将访问中国,受到胡耀邦总书记的接见,但他要求参观核潜艇的请求被拒绝。在离开中国之前,他不无遗憾地说:“世界上的核潜艇我几乎都看过,独缺中国。我多么希望他们能理解我的心情啊！真不理解,为什么看一看中国的核潜艇就这么难？”

里科弗在海军进入核潜艇时代后,他坚持亲自考核、选拔每一名核潜艇艇长,他的许多考题至今已经在中国人中广为流传,只是很多人以为是美国商人的手段而已。例如他会对考生说:“如果你和一群人一同搭载飞机,遇到事故仅有一个降落伞包,你能说服别人把降落伞给你么?”然后考生自信满满地说:“能！”结果门一开,进来几个人,里科弗对考生说:“好吧，你现在开始说服吧！”

后来的美国总统,当时也是渴望成为核潜艇军官的卡特,也遭遇到了这位冷酷无情的将军的询问:“你的成绩是多少？”“海

军军官学院，第60名。”卡特似乎意识到回答得不甚妥当，又补充了一句：“全年级820人。”自以为能得到赞赏的卡特没想到又被追问了一句：“你觉得你自己尽力了么？”“是的……”卡特犹豫了一下，又改口说，“不，还没有。”里科弗立刻严厉训斥道：“为什么不尽力？”——这句话后来也成为卡特竞选口号。

里科弗于1986年7月逝世。他一生好学不倦，勤奋写作，涉猎范围较广，主要著作有《教育与自由》、《美国国民教育的失败》等，因此他也被认为是一名教育家，他的母校——安纳波利斯的海军军官学校工程系大楼被命名“里科弗楼”。

核潜艇的先驱——“鹦鹉螺”号

潜艇在第二次世界大战时期的使用经验暴露出一个很大的问题，那就是潜艇可以在水面下持续航行的时间。潜艇在水面下操作的时间受到电池蓄电量的严重限制，即使以最低的速率航行，也必须在一段时间之后浮出水面进行充电。在充电的过程当中潜艇非常容易受到攻击。另外一个限制是潜艇上的电池能够发挥的最大航速以及持续的时间，尤其是水面下的最大航行速率远低于水面上的速率，若是要追随高速航行的船舰时，

潜艇必须浮出海面以柴油引擎输出动力，才能够勉强追上航行速率较慢的快速船舰，可是这样一来，潜艇就失去海水对它保护以及作战上的优势。因此，为了扩大潜艇的战术价值，大幅提高海面下持续操作时间，研发替代动力来源一直是潜艇研究的一个重要目标。

世界上第一艘核潜艇是由美国海军研制和建造的。1946年，以海曼·乔治·里科弗（Hyman G. Rickover）为首的一批科学家开始研究舰艇用原子能反应堆也就是后来潜艇上使用的压水反应堆。第一艘核潜艇“鹦鹉螺”号核潜艇于1952年6月开工制造。此后，苏联、英国、法国和中国、印度相继制造了本国的核潜艇。

“鹦鹉螺”号核潜艇于1952年6月开工制造，是在1954年1月24日开始首次试航。首次试航即显示了核潜艇的优越性，人们听不到常规潜艇那种轰隆隆的噪声，艇上操作人员甚至觉察不出与在水面上航行有何差别，“鹦鹉螺”号84小时潜航了1300千米，这个航程超过了以前任何一艘常规潜艇的最大航程10倍左右。1955年7—8月，“鹦鹉螺”号和几艘常规潜艇一起参加反潜舰队演习，反潜舰队由航空母舰和驱逐舰组成。在演习中，常规潜艇常常被发现，而核潜艇则很难被发现，即使被发现，核潜艇的高速度也可以使之摆脱追击。由于核潜艇的续航力大，用不着浮出水面，因而能避免空中袭击。

到1957年4月止，“鹦鹉螺”号在没有补充燃料的情况下持续航行了11万余千米，其中大部分时间是在水下航行。1958年8月，“鹦鹉螺”号从冰层下穿越北冰洋冰冠，从太平洋驶进大西洋，完成了常规动力潜艇所无法想象的壮举。之后，美国宣布以后将不再制造常规动力潜艇。

【美国发明世界上第一艘核潜艇】

世界上第一艘核潜艇是美国的“鹦鹉螺”号，是由美国科学家海曼·乔治·里科弗积极倡议并研制和建造的，他被称为“核潜艇之父”。1946年，以里科弗为首的一批科学家开始研究舰艇用原子能反应堆也就是后来潜艇上广为使用的“舰载压水反应堆”。第二年，里科弗向美国海军和政府建议制造核动力潜艇。1951年，美国国会终于通过了制造第一艘核潜艇的决议。

核潜艇之父：美国将军1957年撼人心魄的讲话

大多数人了解美国海军上将里科

弗，可能是作为“核潜艇之父”；对他的了解也是源自鹦鹉螺号。但是，很少有人知道，他对能源问题在1957年有过一个讲话，这个讲话确确实实是撼人心魄：特别是考虑到这是1957年，全世界能源供应不仅没有问题，而且也预见不到任何问题。但里科弗作为一位工程技术人员，清醒地意识到“我们文明和以前文明不同，建立在不可再生资源的基础上”。

他在讲话中呼吁，人们要为下一代考虑，尽可能减少对资源的浪费和消耗。

不用说，他这些呼吁都落了空，这方面他唯一做到的事情，就是在自己专业范围内，推动了美国海军潜艇部队的核能化。不过，尽管在讲话中没有提，里科弗作为工程技术出身的，应该知道核潜艇虽然使用不依赖石油，但是其建造需要石油，核燃料铀矿的开采运输需要石油，潜艇里很多材料或是直接（例如密封件和绝缘件）或是间接（例如钢铁和其他金属）需要石油。

他的这篇讲话在国外研究能源的圈子内很是有名。

核潜艇的发展

早期的核潜艇均以鱼雷作为武器。以后由于导弹的发展，出现携带导弹的核潜艇。核潜艇安上导弹之后，便出现了两种类型：一类是近程导弹和鱼雷为主要武器的攻击型核潜艇；另一类是以中远程弹道导弹为主要武器的弹道导弹核潜艇（又称战略核潜艇）。攻击型核潜艇主要用于攻击敌水面舰艇和潜艇，同时还可担负护航及各种侦察任务。弹道导弹核潜艇则是战略核力量的一次重要的转移。在各种侦察手段十分先进的今天，陆基洲际导弹发射井很容易被敌方发现，弹道导弹核潜艇则以高度的隐蔽性和机动性，成为一个难以捉摸的水下导弹发射场。

弹道导弹潜艇是用艇载核导弹对敌方陆上重要目标进行战备核袭击的潜艇。它大多是核动力的，主要武器是潜对地导弹，并装备有自卫用鱼雷。弹道导弹潜艇与陆基弹道导弹、战略轰炸机共同构成目前核军事国在核威慑与核打击力量的三大支柱，并且是其中隐蔽性最强、打击突然性最大的一种。

潜对地导弹分弹道式和巡航式两类。美国从 1947 年开始研制“天狮星”型潜对地巡航导弹，1951 年在潜艇上发射成功，1955 年正式装备潜艇部队，第一批战略导弹潜艇由此诞生。苏联于 1955 年 9 月首次用潜艇在水面发射一枚由陆基战术导弹改装的弹道导弹。1960 年 7 月，美国“乔治·华盛顿”号核潜艇首次水下发射“北极星”A1 潜地弹道导弹，这是世界上第一艘弹道导弹核潜艇。

美国核潜艇

“鹦鹉螺”号

1952年6月14日，世界上第一艘核动力潜艇“鹦鹉螺”号在美国格罗顿举行铺设龙骨的仪式。1953年3月30日美国当地时间11时17分，陆上模拟堆热中子反应堆达到了临界状态，也就是说，反应堆内部的链式反应开始了。6月25日，核动力装置达到了满功率，并完成了持续4天4夜的满功率运转试验，标志着这艘核潜艇已经具备了以不间断的全速横渡大西洋的能力。

1954年1月21日，人类第一艘核动力潜艇“鹦鹉螺”号下水。经过努力，“鹦鹉螺”号在这年底全部竣工。它艇长97.5米，排水量2800吨，当时的造价为5500万美元，最大航速25节，最大潜深150米。从理论上讲，它可以以最大航速在水下连续航行50天、航程3万海里而无需添加任何燃料。艇上还装备了自导鱼雷。

“鳐鱼”级

在“鹦鹉螺”和“海狼”等试验型核潜艇之后，美国攻击核潜艇共发展了六代。“鳐鱼”级为第一代，首艇1955年开工，1959年服役，共建造4艘，是美国海军首次批量生产的核潜艇。该级艇长81.5米，宽7.6米，水下排水量2861吨，采用S3W/S4W核反应堆和2座蒸汽涡轮机，双轴，功率6600马力，水下最大航速19节，最大潜深200米，人员编制83—97人，艏6艉2共8具鱼雷发射管。

【美国核潜艇事故】

1963年4月，美国“长尾鲨”号核动力潜艇沉没在美国科得角附近海域，129人遇难，成为世界上第一艘失事核潜艇。1968年，美国“天蝎”号核潜艇在前往加纳利群岛途中沉没在大西洋中部海域，艇员99人全部遇难。

“鲣鱼”级

“鲣鱼”级属于第二代，在1956—1961年间共建造了5艘。该级艇是世界上首级采用水滴形壳体的核潜艇，大大提高了水下

航速。该级艇长76.7米，宽9.6米，水下排水量3513吨，最大潜深200米，采用1座S5W核反应堆和2台蒸汽轮机，单轴，最大功率1.5万马力，水下最高航速30节，该级艇为以后的高航速核潜艇提供了实践经验。此外，该级艇第一次加装了围壳舵，并采用单、双壳体结合的结构。武器为6具鱼雷发射管，发射MK48鱼雷。

“长尾鲨”级核潜艇

“长尾鲨”级属于第三代，1959—1967年间共建造12艘，该级艇长84.9米，宽9.6米，水下排水量4300吨，动力装置与“鲣鱼”级相同，单轴，水下最高航速30节，人员编制127人。该级艇首次采用了HY－80高强度钢，使其最大潜深增至300米。在推进系统方面，它首次采用了主、辅和应急三套装置。其鱼雷发射管减至4具，并由艏部移到中部，以使艏部拥有更多的空间容纳水声设备。

“鲟鱼”级

“鲟鱼”级是第四代，1963—1975年共建造37艘。该级艇长92.1米，宽

9.7米，水下排水量4960吨，动力装置与“长尾鲨”级相同，水下最大航速30节，极限潜深可达500米，人员编制107人。该级艇围壳结构进行了加强，围壳舵可转动90度，可以在北冰洋冰层下活动。艇上装有4具鱼雷发射管，可发射“战斧”巡航导弹、“捕鲸叉”反舰导弹、“萨布洛克”反潜导弹和MK48鱼雷，电子/水声装备有AN/BQQ2多用途综合声呐、AN/BQS8水下导航声呐、MK117鱼雷射击指挥系统、惯性导航设备和“奥米加”导航设备等。

进入1970年，美国海军在核潜艇的“安静”和“高速”两个方面进行了深入的研究，并由此形成了“科普斯科姆”级和著名的“洛杉矶”级两个级别。前者只建造了一艘，是美国核潜艇“安静化”的试验艇。该艇长113.3米，宽9.7米，水下排水量6480吨，水下最大航速25节，最大潜深480米。为了大幅度降低噪声，艇上只装有1座S5WA压水堆，并且用涡轮电力推进代替了蒸汽涡轮机，这使其航速较低，但安静性达到了前所未有的水平。

“洛杉矶”级

“洛杉矶”(Los Angeles－SSN)级是美国第五代攻击型核潜艇，也是美国攻击核潜艇的中坚力量。在保持高航速的同时广泛应用了各种降噪措施。例如，该级艇放弃了核动力装置最大的噪声源——主循环泵，而采用了具有自然循环冷却能力的S6G反应堆，对减速齿轮箱和辅机也运用了减震/隔震技术。该级首艇“洛杉矶”号1972年2月开工，1976年11月建成服役；直到1996年3月，该级最后一艘“夏延”号才服役，建造时间长达20余年，共建造62艘，是世界上建造数量最多的一级核潜艇。

"洛杉矶"级长109.7米，宽10.1米，吃水9.9米，水上排水量6080吨，水下排水量6930吨，水下航速35节以上，最大潜深450米，人员编制133人，从SSN751起结构与前面的艇有所不同，加装了消声瓦，同时以首水平舵代替了围壳舵。该级艇装备了上世纪70、80年代以来发展的大量新型装备，其AN/BQQ5综合声呐集成了多种声呐，作用距离高达100海里。它还装备有完善的电子/水声对抗设备、卫星/惯性导航系统、甚高频/甚低频接收机和拖曳通信天线。它的武器系统也很齐全，舰体中部有4具533毫米鱼雷发射管，可发射"战斧"巡航导弹、"捕鲸叉"反舰导弹和MK48重型鱼雷。从第32艘"普罗维登斯"号开始，该级艇在首部压载舱装备了12具导弹垂直发射装置。可以说，"洛杉矶"级具有全面的反潜、反舰和对陆作战能力，攻击俄罗斯核潜艇、为美国航母编队护航和打击陆上目标是它的主要使命。

"海狼"级

随着俄罗斯核潜艇技术的不断提高，尤其是其噪声的大幅下降和潜深的持续增加，美国越来越有危机感。从80年代开始，美国着手进行第六代攻击核潜艇"海狼"(Seawolf－SSN)级的开发工作。该级首艇"海狼"号

> **【伊桑·艾伦级战略核潜艇】**
>
> 1961年，美国又建造出第二代战略核潜艇“伊桑·艾伦”级，该级共建5艘，比起“华盛顿”级，在艇形、动力、设备、导弹性能等方面都有很大提高。该级艇长125米，水下最高航速30节，艏部有6具533毫米鱼雷发射管，携带16枚“北极星A2”弹道导弹，射程1500海里。

于1989年10月25日开工，1997年7月19日服役。

由于造价过于昂贵，加之前苏联解体，美国海军战略改变，所以“海狼”级仅建造了3艘；综合性能大大领先于任何一级攻击核潜艇，所以被誉为“21世纪的核潜艇”。

该级艇长99.37米，宽12.9米，水面航行时吃水10.94米，水上排水量7460吨，水下排水量9150吨，水下最大航速35节，最大潜深600米，全艇编制133人，其中12名军官。其动力装置为1座通用电气公司S6W压水反应堆，2台蒸汽轮机，功率38.8MW，约52000马力，单轴，泵喷推进器。

它首次采用了X型艇艉和泵喷推进方式，因而机动性高、安静性好。其艇壳采用高强度的HY100钢，可以在冰层下安全活动。

艇上武器强大，艇艏有8具660MM大口径发射管，可发射“战斧”巡航导弹、“捕鲸叉”反舰导弹和MK48—ADCAP型鱼雷。“海狼”级电子、水声设备功能强大。作战指挥为AN/BSY—2系统，它采用分布式计算机系统、声学系统、控制系统和电子/水声对抗系统，将探测、识别、跟踪、分析、传递、决策、执行等多项功能融为一体，通过数据总线相连，核心为UYK—44计算机。声呐主要为AN/BQQ5D主/被动综合声呐，TB—16被动拖曳声呐、TB—23细线基阵拖曳声呐、被动保角阵声呐、探雷声呐等。可以说，“海狼”级的作战能力使任何一级核潜艇只能是望其项背。

在“海狼”级停建之后，美国海军开始发展更适合其冷战后战略需求，也更便宜的新一代核潜艇“弗吉尼亚”(Virginia–SSN)级，又称为“百人队长”级。

华盛顿级战略核潜艇

美国和前苏联是两个超级核大国，奉行的是“三位一体”全面发展的核战略，由战略核潜艇发射的弹道导弹是其中的重要一环。为了抢速度，

美国甚至等不到专门设计一级战略核潜艇，它将正在船台上建造的“蝎子”号攻击核潜艇从指挥台围壳后面中间插入了一段39.6米长的分段，并在其中安排了16枚“北极星”战略导弹及其指控系统。1959年，这艘被改名为“乔治·华盛顿”号的战略核潜艇终于如期服役了，这也是世界上第一艘战略核潜艇。

作为美国第一级战略核潜艇，“华盛顿”级共建造了5艘，它长116.3米，宽10.1米，水下排水量6700吨，在艇艏部有6具533毫米鱼雷发射管。艇上可携带16枚“北极星A1”弹道导弹，射程为1200海里。

拉斐特级战略核潜艇

1963年，第三代战略核潜艇“拉斐特”级开始服役，总共建造31艘。该级艇长129.5米，宽10.1米，水下排水量8250吨，装1座S5W反应堆，功率1.5万马力，水下航速30节，最大潜深300米。该级最初装备“北极星”型弹道导弹；从1967年开始改装“海神”弹道导弹，该弹装有10—14个分导弹头，射程4600海里，圆偏差概率为540米。

俄亥俄级弹道导弹核潜艇

1974年，美国开工建造第四代，也是最先进的一代战略核潜艇——

“俄亥俄”(Ohio－SSBN/SSGN)级，首艇“俄亥俄”号于1981年11月正式服役，到1997年9月，该级艇完成了全部18艘的建造计划。“俄亥俄”级长170.7米，宽12.8米，水下排水量18750吨，最大潜深300米，最大航速25节，装1座S8G压水反应堆，2台蒸汽轮机，功率约60000马力。它的艇体中部采用双层壳体，其余占全艇长60%的部分采用单壳体，装备了AN/BQQ5声呐等十余部水声、电子设备。尤其是凭借着极低频通讯系统，它在水下300米处也可接到岸台信号。该级前8艘携带24枚“三叉戟Ⅰ”弹道导弹，从第9艘“田纳西”号开始装载24枚“三叉戟Ⅱ”弹道导弹。该弹射程12000千米，携带12枚分导弹头，一种为10万吨当量W76－MK4型，另一种为47.5万吨当量W76－MK5型，圆偏差概率为90米。

“俄亥俄”级之后，美国再没有发展战略核潜艇，看来“俄亥俄”级已经完全能够满足需要。

俄亥俄级(OHIO)弹道导弹核潜艇由美国研制:名称型号:“俄亥俄”级(Ohio Class);研制单位:美国通用动力公司电船分公司(General Dynamics Corporation);造价:平均每艘造价20多亿美元。美国海军的这18艘“俄亥俄”级弹道导弹战略核潜艇分属美太平洋舰队和大西洋舰队指挥。8艘属于驻扎在班戈海军基地的太平洋舰队的战斗序列，其中4艘正在改装为携带“战斧”式巡航导弹、可进行特种作战的攻击型核潜艇。

【俄国核潜艇事故】

2000年8月12日俄罗斯海军号称是“世界吨位最大、武备最强”的巡航导弹核潜艇奥斯卡级“库尔斯克号”在参加一次军事演习时，鱼雷中的过氧化氢燃料发生爆炸导致该艇沉没，核潜艇上所载的118名海军官兵全部死亡，所幸的是该事件没有造成海洋核污染。最后，一支英国与荷兰组成的营救队打捞了“库尔斯”克号。逝世118人中所有人的遗体被发现，其中三具无法辨认。

俄国核潜艇

俄国核潜艇部队，比美国的核动力潜艇要晚，从20世纪50年代中期为了在冷战中对抗美国海军核动力潜艇，前苏联才开始设计建造核动力潜艇，现在已经发展到第四代。

属于前苏联第一代攻击核潜艇是“N”级核潜艇。“N”级于1955年开工设计，1958年开始服役，是苏联海军首批

核潜艇，共建造13艘。从这些标准可以看出，它大致和美国第三代核潜艇水平相当。比美国第一代“鳐鱼”级和第二代“鲣鱼”级要先进得多。1970年4月，一艘“N”级核潜艇于英国海域进行演习时，失事沉没。

1965—1990年，前苏联又建造了第二代核潜艇——“V”级，“V”级共三种型号。“V-Ⅰ”型共建成了17艘，该级长94米、宽10.5米、吃水7.3米，排水量4300吨（水面）/5300吨（水下）、最大潜深600米，动力装置为2座PW型核反应堆，2台蒸气涡轮机，单轴，功率3万马力，最大航速16节（水面）/32节（水下）。武器有6具鱼雷发射管、可发射53型线导鱼雷、SS-N-14反潜反舰两用导弹（射程46KM）、导弹可以在水下20—40米发射，而且该级核潜艇还可以推带核深水炸弹。

“V-Ⅱ”型于1972—1975年建成，该级长98.5米、宽10米、吃水6.75米，排水量4600吨（水面）/5680吨（水下）、最大潜深600米，动力装置为1座核反应堆，功率3万马力、最大航速16节（水面）/31节（水下）。武器有8具533鱼雷发射管。

“V-Ⅲ”型共建成了24艘，1978—1990年建成，该级长107米、宽10.6米、吃水7米，排水量5800吨（水面）/6000吨（水下）、最大潜深600米，动力装置为2座PW型反应堆。单轴。功率3万马力、最大航速18节（水面）/30节（水下）。武器有除6具鱼雷发射管外、还可以发射SS-N-15、SS-N-16反潜/反舰两用导弹。SS-N-21远程巡航导弹。它也是前苏联第一种使用拖曳声呐天线的潜艇。

而第三代核潜艇“A”级（又称“阿尔法”级）于1970—1983年建造，共有37艘。潜艇长81.5米、宽9.5米、吃水7.5米，排水量2800吨（水面）/3700吨（水下），动力装置采用2台170MW型压水堆。单轴，功率5万马力，最大航速20节（水面）/43-45节（水下），最大潜深700米，人员为40人。武器有6具533鱼雷发射管，可以发射SS-N-15及53型鱼雷。可以携带20枚鱼雷及40枚水雷。同时A级最有名的是它是世界上航速最快、下潜深度最深的潜艇，而且人员最少。小巧的外形使它具有可以在狭窄水域作战的能力。继第三代核潜艇之后。前苏联于1978年建成了第四代“O”级（奥斯卡）。“O-Ⅰ”型共有2艘。

1980年下水，1982年开始服役。1985年—1993年“O-Ⅱ”级以每年一艘的速度生产。该级宽18.2米，动力装置采用2座200MW压水堆和2台汽轮机。双轴双桨，功率7.5万马力，最大航速30节（O-Ⅰ型）/28节（O-Ⅱ型），最大潜深500米，武器有40度倾斜布置的24具能发射SS-N-19舰对舰导弹及533、650鱼雷发射管各4具。使用SS-N-15、SS-N-16型核反潜导

弹,并可装备SS–N–21巡航对地导弹。

在“O”级之后,前苏联服役了“阿库拉”级、“麦克”级、“塞拉”级三种高性能核潜艇,显示了前苏联不俗的潜艇制造能力。

“鲨鱼”级(阿库拉级)攻击核潜艇,它是前苏联第四代核潜艇。1985年服役。长110米、宽14米、吃水10.4米。排水量7500吨(水面)/9100吨(水下),动力装置采用2座200MW型压水堆及2台汽轮机,单轴双桨,功率4.76万马力,最大航速32节(水下),最大潜深400米。武器有能发射533、650鱼雷发射管各4具。它还可以发射SS–N–15、SS–N–16反潜导弹及SS–N–21巡航导弹。

【俄国核潜艇事故】

2006年9月6日,俄海军北方舰队一艘核潜艇在巴伦支海失火,两名官兵丧生。2008年11月8日,俄罗斯海军一艘编号为K—152的核潜艇在太平洋海域试航时灭火系统出现故障,20多人死亡、21人受伤。2011年12月29日,俄罗斯一个核潜艇维修船坞起火,后来导致俄罗斯一艘Delta–IV级核潜艇外壳起火。俄军方说,潜艇内部没有受损,无辐射泄漏危险。起火原因不明。

塞拉级(简称S级)多用途攻击核潜艇属于前苏联第四代攻击型核潜艇。首艇于1984年建成服役,最后一艘迟至1993年才交付部队,共建造6艘。该级艇共有2型均由“红色索尔莫沃”造船厂建造的。该级艇虽然被定为多用途攻击潜艇,但其最主要的任务则是消灭敌方的弹道导弹核潜艇。当然塞拉级也能胜任摧毁敌方水面舰艇、攻击陆上战略目标等多种任务。该艇令人惊愕的地方是可以达到600米的潜深,令几乎所有的鱼雷都束手无策。S–Ⅰ型艇最大武器装载量为30枚,一般可装12枚65型鱼雷和20枚53型鱼雷,或SS–N–15、SS–N–16反潜导弹,SS–N–21对地巡航导弹。如果装载导弹的话则必须相应减少鱼雷的数量。其执行布雷任务时,最多一次可携带各型水雷60枚。S–Ⅱ型艇的武器装载量增加到40枚,除了能发射Ⅰ型艇的所有武器外,据说还能发射SA–N–6式防空导弹。由于是钛合金耐压壳,该艇造价及维护十分昂贵,故仅仅制造6艘。

M级为西方给该级艇起的Mike级(中文音译为“麦克”级)叫法的简称。其实该级艇在前苏联国内称为685型或“鱼翅”级,也属于前苏联第四代攻击型核潜艇。该级艇十分著名,在设计建造时采用了10多项新技

术，建成服役后表现出色，其中一艘艇被前苏联政府授予“共青团员”的称号。其实M级艇真正的成名在于这艘“共青团员”号的沉没，知道这个名字的人比听过M级的人要多。M级共有2艘，在北德文斯克市的北方机械制造企业代号为402造船厂建造，首艇于1978年4月22日正式开工，1983年5月下水，1984年8月至1988年7月间进行了海试，1988年9月13，服役。该艇可以携带40余枚鱼雷，还可以携带SS-N-15、SS-N-16反潜导弹，SS-N-21巡航导弹。

而前苏联的第一代弹道导弹核潜艇“H”级开始建造于1958年，1962年开始服役。武器为HI型携带16枚“萨克”SS-N-4型弹道导弹(这种导弹有很大缺陷。只能在水面发射)。上世纪60—70年代为了提高“H”级的生存能力，对其进行了改进，使用SS-N-5型弹道导弹共3枚/每艘(H-Ⅱ型)、SS-N-8弹道导弹(H-Ⅲ型)。

第二代前苏联弹道导弹核潜艇是“Y”级，长129.5米，宽11.6米、吃水8.8米。排水量7800吨(水面)/9450吨(水下)，动力装置采用2座PWR型核

反应堆及2台涡轮机，双轴，功率4.5万马力，最大航速27节（水面），最大潜深400米。武器有携带16枚“索弗莱”SS-N-6型弹道导弹。共建造34艘，大部分已经退役。1971年，前苏联海军开始设计建造第三代核潜艇“D”级，长137米、宽12米、吃水8米，排水量8750吨（水面）/10200吨（水下），动力装置采用与2座PW反应堆，2台涡轮机。

双轴功率5万马力，最大航速18节（水面）/25节（水下），最大潜深400米。携带12具“增程索弗莱”SS-N-8型弹道导弹及533鱼雷发射管6具。于1975年停建。从1974—1981年前苏联又对“D”级进行了改装，发展了“D-Ⅱ”和“D-Ⅲ”型，携带16具导弹发射器，并因此两种改进型都比“D”级要大一些，“D-Ⅲ”型携带SS-N-23型弹道导弹（二级液体火箭，1型为3个分弹头，2型为单弹头，3型7个分弹头，单弹头为45万吨TNT当量，多弹头20万吨TNT当量/每个）。

第四代弹道导弹“台风”级于1978年开始建造，1984年9月正式服役，共建2艘。长171.5米、宽24.6米、吃水15米，排水量18500吨（水面）/26500吨（水下），动力装置采用2座PW330—360MW型核反应堆及2台蒸汽涡轮机，双轴，功率8万马力，最大航速27节（水面），最大潜深1000米，采用综合声呐，卫星GPS导航和无线电导航系统，静电陀螺惯导系统等。武器有533、650鱼雷发射管各2具外，还携带20枚SS-N-20型潜地弹道导弹（固体火箭，射程4500海里，偏差大约为650米，7—9枚分导式热核弹头，每枚20万吨级）。是世界最大的潜艇。

前苏联潜艇最大的问题在于安静性不如美国核潜艇，而安静性是潜艇生存的最重要的先决条件。除此之外，前苏联还生产了几种专门装备巡航导弹的攻击型核潜艇，如可发射SS-N-12“沙道克”导弹的“E”级、发射SS-N-7导弹的“C”级、发射SS-N-9导弹的“P”级等等。前苏联于1991年解体，俄罗斯成为前苏联核潜艇的继承人。

印度核潜艇

印度第一艘自主研发的核潜艇“歼敌者”号2009年7月26日正式下水。

印度总理辛格等政府官员当天参加了印度海军在孟加拉湾基地举行的核潜艇下水仪式。该核潜艇排水量约为6000吨，造价29亿美元，可配备最大射程为700多千米的K—15型弹道导弹。这艘潜艇将进行为期两年的试航，于2011年正式服役。印度海军目前拥有1艘航母、8艘导弹驱逐舰、约40艘护卫舰、16艘潜艇以及大量辅助战舰。据悉，印度政府已批准2015年之前再建造2艘核潜艇。

美国海军学院学员的最低品德标准是“学员荣誉准则”，即不说谎、不欺骗、不偷盗。此项准则由各个“连荣誉代表”组成的“旅荣誉委员会”负责解释与执行。违反者通常是开除。但校方对学员品德的实际要求比这些内容多。学员所受到的言传身教，要求必须他们认识到共同的利益。

第四课　美国海军阳光管理法

那些尝试去做某事却失败的人，比那些什么也不尝试做却成功的人不知要好上多少。

2004年，安纳波利斯海军学院的毕业生阿伯拉肖夫的一本书《这是你的船》，风靡中国企业界，这本书的作者迈克尔·阿伯拉肖夫曾在美国海军学院学习，书中的至理名言“记住：这是你的船！”被称为来自美国海军的阳光管理法。

迈克尔·阿伯拉肖夫从安纳波利斯海军学院毕业，曾任美国海军舰队司令和国防部长威廉·佩里的军事助理，后任“本福尔德”号驱逐舰舰长。在阿伯拉肖夫任舰长之前，“本福尔德”号驱逐舰虽然装备精良，但管理水平和工作效率低下，士气低迷，很多士兵希望提前退役。而与此同时，招募一名新兵的费用高达10万美元，培养一名可以在驱逐舰关键岗位工作的技术兵的费用更是高达数十万美元。

然而,阿伯拉肖夫担任“本福尔德号”舰长后,成功地把这样一艘管理混乱、士气低落的驱逐舰,改造成为美国海军公认的典范。他率领该舰参加海湾战争,该舰成为美国海军导弹命中率最高的驱逐舰。整个舰艇的310名官兵形成了一支充满自信、干劲十足的团队.大家同舟共济,而且每个人都学会了为自己的行为负责。阿伯拉肖夫提出的“这是你的船”,则成了这艘驱逐舰全体船员的口号。

阿伯拉肖夫经过海军学院历练的特殊经历和背景,使他对组织、管理、领导等具有了直观、独特的体会,他根据自己在安纳波利斯海军学院学习的知识,结合自己在“本福尔德”号上的管理经验,创作了《这是你的船》这本书。

在书中,阿伯拉肖夫对领导、激励、生产效率等核心商业概念提出了一系列振聋发聩的深刻见解,在美国出版不到半年就好评如潮,人们盛赞“美国军方比大多数的美国企业更了解管理的精髓,美国的企业界需要向美国军方学习管理”。美国的“领导学泰斗”沃伦·本尼斯说:“阿伯拉肖夫通过传统的实践方式掌握了真正的领导秘诀。他的经历值得所有的管理者借鉴。”美国前国防部长威廉·佩里称赞该书“趣味十足,见解深刻、充满智慧,必将为现代管理学的发展做出重要贡献!”称这是美国海军的骄傲,是安纳波利斯海军学院的光荣。

“这是你的船”的口号,从军界传到了企业界,它已不仅仅是军队管理的口号,更成为现代企业的一个管理理念:即把企业当作一艘船,让企业的所有人争取当一名出色的水手,共同管理好企业,努力把好企业发展的航向。

阿伯拉肖夫的管理奥妙在于树立“积极聆听”的理念,他深谙“以人为本”这个信条,不以管理者自居,在管理的过程中善于为下属着想,了解下

属需要什么，应该怎样给予下属帮助。

阿伯拉肖夫用他的友善及体恤下属的精神，敢于在管理的过程中自省，他的这些品质在管理者中是难能可贵的。

“领导者的每一个决定和每一个行动都是对下属的一次绝好的培训机会”，“所谓的放权，就是先给组织成员们确定一定的规范，然后让他们自由发挥”。正是这样的至理名言，使他的领导才能在“本福尔德”号上得到了完美的体现。

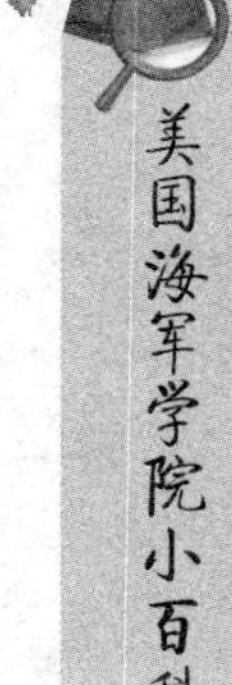

美国海军学院中少数教官被授予终身军事教授职，他们全部有博士学位。他们直到退休为止留在学院。他们大多数有中校衔，少数是上校。他们可以从副教授晋升为教授。平民教授也可以晋升为教授，但他们不是终身的。在教员不足的情况下学院还可以雇用客座教授，他们也不是终身教授。

第五课 美国海军学院名人榜——卡特

伟大的事业不是靠力气、速度和身体的敏捷完成的，而是靠性格、意志和知识的力量完成的。

詹姆斯·厄尔·卡特，习称吉米·卡特：

1924年10月1日生于佐治亚州普兰斯；

1941—1943年先后在佐治亚州西南大学和理工学院读书；

1943年入马里兰州美国海军学院（即安纳波利斯海军学院）学习，1947年获理学士学位；

1946—1953年在美国海军服役；

1953年父亲去世，他退役在家乡经营卡特农场、卡特仓库等业务，并从事政治活动。当过基督教南方浸礼会执事、主日学校教师。

1955—1962年任佐治亚州萨姆特县学校董事会董事长，1962—1966年任佐治亚州参议员。在此期间还先后担任过平原发展公司、萨姆特县发展公司总经理，佐治亚州中西部计划和发展委员会以及佐治亚州改进作物协会主席等职。

1970—1074年任佐治亚州州长。

1974年任民主党全国委员会议员竞选委员会主席。1977年1月20日宣誓就任美国第39任总统。1980年争取连任落选。1982年起在亚特兰大的埃默里大学任名誉教授。

卡特在担任美国总统期间，中美两国正式建立了外交关系。

【卡特的著作】

自传《为什么不是最好的》(1975)

《一个与其人民一样诚实的政府》(1977)

《保持信心，一个总统的回忆录》(1982)

2003年11月出版的小说《烽火连天》是他的第18本著作。

卡特在埃及与以色列的和谈并签署戴维营协议中起到了重要作用。1990年7月4日获费城自由勋章。1995年1月10日获得1994年度联合国教科文组织设立的费利克斯·乌弗埃—博瓦尼和平奖。

1997年11月，印度英·甘地纪念基金会授予他1997年度英·甘地奖，以奖励他为全球和平、裁军和发展所作的贡献。

1998年12月10日，获当年度联合国人权奖。

2002年10月11日，挪威诺贝尔委员会决定把当年度诺贝尔和平奖授予卡特，以表彰他为促进世界和平所作出的努力。

2009年1月来华出席中美建交30周年纪念活动。2010年9月来华出席中国国际友好城市大会和第四届中国芷江国际和平文化节。

卡特的早年生涯

卡特的父亲从事农业和商业，是州议会议员。母亲莉莲·戈迪是个随和的妇女，不像老卡特那样严厉。卡特1941—1943年先后在佐治亚州西南大学和理工学院读书。1943年入马里兰州美国海军学院(即安纳波利斯海军学院)学习,1946年毕业,获理学士学位,随后加入海军服役7年,直到1953年。1946年,卡特与罗莎琳·史密斯结婚。

罗莎琳是他的同乡。他们有三子一女。

1953年卡特的父亲去世,他退役回家乡经营卡特农场、卡特仓库等业务,并从事政治活动。

卡特当过基督教南方浸礼会执事、主日学校教师。

1955—1962年任佐治亚州萨姆特县学校董事会董事长。1962—1966年任佐治亚州参议员。

在此期间他还先后担任过平原发展公司、萨姆特县发展公司总经理,佐治亚州中西部计划和发展委员会以及佐治亚州改进作物协会主席等职。

1970—1974年任佐治亚州州长。在当时南方的年轻州长中,他以办事富有实效、积极消除种族歧视赢得声誉。

1948年卡特转入潜艇部队,先去康涅狄格州的潜艇学校学习半年,然后到太平洋舰队常规潜艇"鲳鱼"号服役。此后一年多,他随舰在太平洋海域执勤,并多次到达中国港口。

上世纪50年代初,卡特参加了美国第一批核动力潜艇的研究工作。其间,研究项目负责人、后来被誉为"美国核潜艇之父"的海曼·里科弗上校对他影响极大。里科弗是位勤奋出名和对下属要求极严格的人,在他的栽培下,卡特很快成了核反应炉技术专家,同时,里科弗对卡特的严格要求,使得卡特在以后的日子,做任何事情都全力以赴。

1953年,卡特的父亲去世,他决定退役还乡继承父业,退役时军阶为海军上尉。

卡特回到老家普莱恩斯后,重操旧业种植花生,然后又经商买卖化肥。妻子除了照顾家务和孩子外,也帮他算账、过磅,并做些力所能及的农活。经过刻苦钻研种田和经商知识,到上世纪70年代中期,卡特农场已拥有土地3100英亩,资产总值100万美元。

卡特的政治生涯

卡特关心和参与当地的社会活动。他广泛地与群众接触,尽量扩大联系面,逐渐成为普兰斯镇的头面人物。1970年,被称为"乡下佬"的卡特竞选成功,成为佐治亚州第76届州长。

卡特就任州长后,他以强调政府效率、社会生态学和消除种族隔阔而引人注目。他在就职演说中宣布,“种族歧视的时代一去不复返了”。

他最有代表性的行动就是把马丁·路德·金的肖像挂在州议会大厦里,并宣布起用黑人参政。他着手精简机构,大刀阔斧地把原来州政府的65个机构缩减为22个,以节约开支和提高办事效率。同时,他又对财政制度加以整顿,规定凡是需要经费的单位,一律重新申请并由政府重新审核,如开支不当,政府可以拒绝批准。

以后,他又采取了许多保护自然资源和历史资源以及加强法制的措施。这一系列做法,为卡特树立了“最有成就的州长”的形象。按该州的法律,州长只能任期一届,但4年州长任期期满时,他已有了一段可以用来竞选总统的资历。

总统任期

1974年卡特宣布竞选总统,并轻易获得民主党提名。1976年,他经过艰苦的竞选战以微弱优势击败福特总统,出任美国第39任总统。

在国内,卡特意欲实行行政和经济改革,但遭到国会的强烈反对。在国际上,强调人权。他当政时期,把巴拿马运河的管理权交还给了巴拿马,实现了同中华人民共和国的关系正常化,中美两国正式建立了外交关系。推动中东实现了和谈。

伊朗扣留“人质”和前苏联出兵阿富汗,成了卡特头痛的问题。卡特在埃及与以色列的和谈并签署戴维营协议中起到了重要作用。卡特在任内取得一系列内政与外交成就,但因贸然下令特种部队发起“鹰爪行动”拯救在伊朗的美国人质遭到惨败,令他在选民中的声望一落千丈。

1980年他争取连任败给里根,但他从未放弃拯救人质的努力,伊朗最终在卡特离开白宫那一天释放了所有人质(卡特卸

【所获殊荣】

1975年出版自传《为什么不是最好的》,以后又陆续写了《一个与其人民一样诚实的政府》和《保持信心,一个总统的回忆录》。1990年7月4日获费城自由勋章。1995年1月10日获得1994年度联合国教科文组织设立的费利克斯·乌弗埃-博瓦尼和平奖。获1998年度联合国人权奖。2002年诺贝尔和平奖得主。

任33分钟后人质登上了飞机)。

卡特在担任美国总统期间,中美两国正式建立了外交关系。1978年4月,卡特总统公开宣布:美国承认一个中国的概念,同中国建立正式的外交关系符合美国的最大利益。12月4日,中美双方达成三项协议,即:美国承认中国关于只有一个中国、台湾是中国一部分的立场,承认中华人民共和国是中国的惟一合法政府,在此范围内,美国人民将同台湾人民保持文化、商务和其他非官方关系;在中美关系正常化之际,美国政府宣布立即断绝同台湾的"外交关系",在1979年4月1日以前从台湾和台湾海峡完全撤出美国军事力量和军事设施,并通知台湾当局终止《共同防御条约》;从1979年1月1日起,中美双方互相承认并建立外交关系,3月1日互派大使,建立大使馆。

12月16日,中美两国政府同时在北京和华盛顿公布《中华人民共和国和美利坚合众国关于建立外交关系的联合公报》(简称《中美建交公报》),宣布中美两国自1979年1月1日起建立外交关系。12月31日, 台湾驻华盛顿"大使馆"的旗帜降落,台湾"大使馆"正式关闭,台湾在美国14个城市的"领事馆"也同时关闭。

卡特在埃及与以色列的和谈并签署戴维营协议中也起到了重要作用。

美国总统卡特的历史政绩一览

1976 年,民主党的卡特当选为总统。由于越南战争、水门事件,美国公众对华盛顿政府当局的信任大幅度下降。卡特抓住这点,以一个与华盛顿官场素昧平生的平民主义身份参加竞选,攻击"政治和经济权贵",从而取胜。对卡特总统的政绩,素有争议。有人认为他下台后的活动与成就,远胜于他在台上的 4 年,但有的人又不同意。

卡特总统上台后,打出"人权"外交的旗帜,声称要以人权作为外交政策的核心。这是他出于国内外形势的考虑而提出的。但在实际外交工作中,人权外交行不通,它使美苏关系趋于紧张。1979 年苏联入侵阿富汗,

卡特总统转而采取实力政策，扩充军备，对苏制裁，支持阿富汗圣战者组织，致使美苏关系处于20世纪70年代最低点。卡特政府外交活动中的3个成绩是:促成埃及、以色列戴维营协议，使中东逐步从战争走上和平谈判的道路;签署巴拿马运河协议，允诺于1999年底把运河完全交还巴拿马;1979年美中正式建立外交关系，使美中关系进入一个新阶段。两个失败:一是“人权”外交，另一是在伊朗问题上的失误。伊朗在巴列维国王领导下，是美国在中东地区的重要盟友，美国一贯给巴列维国王以支持，并依靠伊朗维护美国在波斯湾地区重大战略利益。

1979年初，巴列维被迫离开伊朗，原教旨主义者取得政权，阿亚图拉·霍梅尼成为精神领袖，伊朗成为这一地区最激进的反美国家。1979年11月，伊朗学生冲进美国驻德黑兰使馆，把53名使馆人员扣为人质。考虑到美国在波斯湾的利益，卡特总统于1980年1月的国情咨文中提出了后来称为“卡特主义”的波斯湾战略，宣称“任何外来力量企图控制波斯湾的尝试，将被视为对美国重大利益的侵犯，将遭到包括军事力量在内的一切必要手段的回击”。人质问题经过一年多时间的反复较量，最后在里根当选后得到解决。在里根宣誓就职的当天，人质回到华盛顿，卡特只能作为代表，而不能作为总统欢迎他们。

给予布什对外政策的批评

卡特在《阿肯色民主党人新闻报》刊登的这篇专访中说，布什政府奉

行“先发制人”政策，在美国自身安全并没有直接受到威胁的情况下便对伊拉克开战，“极大地背离了美国以往历届政府的一贯做法”。

卡特说，他认为，在美国历届政府中，布什政府在全世界范围内给美国造成了最为严重的负面影响，是处理国际关系方面表现最差的一届政府。

卡特还认为，布什政府在中东和平进程、核裁军及环保等方面无所作为。

此外，卡特当天在接受英国广播公司采访时还批评英国首相布莱尔在伊拉克问题上对布什一味奉迎和盲从，从而给世界带来了悲剧。

退休生活

前美国总统吉米·卡特离开白宫时，被认为是政绩最差的美国总统之一。但是自那以后，卡特频繁出访世界各地，到处倡导民主和人权事业，证实自己是最受尊敬的卸任总统。但是，他个人影响最大的地方还是他的祖国。在这里，他拿起自己的锤子，帮助穷人建造经济适用住房。卡特卸任后的生活表明，使人伟大的不是权力，利用权力和影响所做的事才是伟大的真正标志。

1982年起卡特在亚特兰大的埃默里大学任名誉教授。卸任后回到故乡，一面撰写回忆录，一边不时接受临时使命，穿梭于国际，充当和平使者。卡特退休后陷入财政困境，当总统期间委托别人经营的花生农场破产，不得不靠写书还债，连夫人罗莎琳都要靠出版回忆录挣钱。就是在这样的情况下，卡特夫妇一起创办了卡特中心，致力于协调国际冲突。在上世纪80年代的海地危机中，尽管美国战机已经起飞，卡特仍不顾生命危险留在海地首都谈判至最后一刻，最终说服军政府交权避免流血战争。这一事件令卡特在国际上赢得了巨大的声望。

卡特也是访问古巴第一人。卡特访问古巴并与卡斯特罗举行会谈，是自1959年古巴革命胜利以来，美国历任总统中访问古巴的第一人，为改善美古关系起到了积极的作用。

除了担任国际和平协调人的角色，卡特与夫人还积极为全球范围内的无家可归者启动住房工程，常常不顾年事已高，亲自参加施工为无家可归者搭建福利房。

1984年，前总统卡特允许国际人类栖身地(Habitat for Humanity International) 组织以他的名义实现年度吉米·卡特工作计划(Jimmy Carter Work Project)。卡特每年抽出一个星期，穿上蓝色牛仔裤，系上木工围裙，为穷人盖房造屋。

著作和获奖

卡特在1975年出版自传《为什么不是最好的》，以后又陆续写了《一个与其人民一样诚实的政府》(1977年) 和《保持信心，一个总统的回忆录》(1982年)，《一位候选人、一个州和一个国家成熟的转折点》，回忆录《黎明前一小时》，《老龄的优势》等。

1990年7月4日卡特获费城自由勋章。1995年1月10日获得1994年度联合国教科文组织设立的费利克斯·乌弗埃—博瓦尼和平奖。1997年11月，印度英·甘地纪念基金会授予他1997年度英·甘地奖，以奖励他为全球和平、裁军和发展所作的贡献。1998年12月10日，获1998年度联合国人权奖。2002年获诺贝尔和平奖。

卡特与核事故

1951年，加拿大乔克河附近的一座核电站发生泄漏事故。等有关人员赶到时，核反应堆已开始融毁，如果不立即拆除反应核，上万人将有生命危险。

当时机器人还无法完成这么复杂的任务。必须有人钻进核反应堆内部，手工拆除反应核。这个人必须胆大心细，拆除过程中不能有半点差错。核电站负责人最后选中了一个年轻人。他27岁，美国海军少尉，受过核物理与核反应技术的专门训练，曾参与通用电气公司一个原子能实验室的设计施工。他在美国原子能委员会华盛顿总部工作，是个临危不乱的冒险主义者。

事不宜迟，负责人派专机把少尉接到了出事地点。同时，工程师们搭建了一个临时核反应堆模型，与出事故的那个丝毫不差。下了飞机，年轻的少尉立刻在技师们的协助下开始研究模型，一遍遍操练拆除反应核的每个步骤。拆除分4个阶段进行，每阶段必须在1分30秒内完成，连犹豫的时间都没有，所有步骤必须精确无误。记错一个阀门，拧错一个螺丝，后果将不堪设想。

演练结束，少尉二话没说，穿上防护衣，毫不犹豫地走进了核泄漏最严重的地方，独自面对一个正在融毁的反应核。整个过程中他所受到的核辐射，等于常人一年最大辐射准许量的总和。很多专家认为在这么强的辐射下，年轻人生还的可能性微乎其微。唯一的希望是他能支持到第六分钟，完成拆除任务。

那个年轻人不但坚持到了第六分钟，成功地拆除了反应核，而且至今健在。他就是诺贝尔和平奖获得者、美国第39届总统——吉米·卡特。

1979年三里岛核电站发生事故时，美国总统卡特作为一名核工程师，得到消息后并没有慌张，他派核管理委员会的一名官员代表他去了哈里斯堡。但随着美国媒体和国际媒体连日来将三里岛事件作为头条新

闻报道，一些著名的美国媒体人开始用“恐怖”这样的字眼描述该事件，还称“情况会更加糟糕”，4月1日，卡特亲自视察三里岛核电站。就在这次视察后不久，美国的各路专家得出一致结论：氢气爆炸基本上不可能，危机基本解除了。大家虚惊一场。

美国海军学院小百科

美国海军学院的运动员队称为准尉队。准尉队参加美国全国大学生体育协会的橄榄球赛和爱国联盟的其他体育比赛。球队的吉祥物是山羊比尔。学院学生必须参加体育运动，假如学员不参加学院间的比赛的话，他必须参加学院里的体育活动。

第四章　美国海军学院的贡献

海军学院景色优美，环境宜人。校园被称为“大院”。大院里铺设着砖砌林阴大道，点缀着法国文艺复兴格调和现代风格的各式建筑。这些建筑，已成为美国西海岸上最著名的建筑群之一。大院里四处可见林阴掩映下的纪念碑和雕像，象征着勇敢精神和英雄主义传统，是学院最重要的遗产之一。

第一课　参加中日甲午海战的毕业生

成功需要成本，时间也是一种成本，对时间的珍惜就是对成本的节约。

1894年毕业于安纳波利斯海军学院的马吉芬，毕业以后被中国北洋海军雇佣，1894年9月17日以“镇远”号铁甲舰舰长顾问的身份参加了甲午黄海海战。战斗中他英勇顽强，双目几乎失明，战后获得清朝政府赐予的花翎及三等第一宝星勋章。

马吉芬根据亲身参加海战的经历，于1895年撰写了《鸭绿江外的海战》一文，对这次中日甲午黄海大东沟海战双方进行了分析，详细描述了双方的兵力、阵型、战况，真实记录了“定远”舰和“镇远”舰在日本联合舰队5艘军舰围攻中岿然不动、官兵毫无畏惧与日军奋战以及“济远”等军舰战斗不久即逃离的情况。

很多人以为清朝是被坚船利炮攻破的，

但很多人也许不知道当时的清朝也是同样的船坚炮利。

这次中日甲午黄海大东沟海战，引起了欧美海军界的强烈反响，也引起了马吉芬在安纳波利斯海军学院的校友马汉的注意。

马汉是近代著名的海军战略专家，被人誉为“海权之父”，他也是安纳波利斯海军学院毕业的高材生，马汉对甲午海战发表了极有见地的评论。

马汉根据自己的海权论的观点，对清政府所采取的被动海军战略提出了批评。

马汉认为，清政府当局限定北洋舰队固守渤海湾，不得越出山东半岛尖端的成山头到鸭绿江一线的指令，束缚了北洋海军提督丁汝昌的手脚，剥夺了北洋海军战略上的主动权，同时违反了“最好的防御就是攻击”的原则。

在马汉看来，战场上的形势千变万化，本应该由身处第一线的指挥官根据战况决定采取适当的行动，但是北洋舰队的活动却由远在天津的李

鸿章及驻在北京的军机处全权指挥，对此马汉感到不可思议："陆海军必须在一般政略之下进行运动，此勿待言。政府要尽量避免掣肘，一任指挥官谋划。特别是下达特殊干涉的命令，更须彻底采取慎重态度。如果指挥官本人不足信任，则宜撤换。然远离战场之人不应争相指示战斗机宜。"其实，即使现代通讯发达，以至发展到网络化时代的地步，后方的上级机关也不可能真实全面地了解前方的战况，何况当时清朝政府？

中日甲午黄海海战，参战的北洋舰队军舰装备的大都是中、大口径火炮，射速迟缓；日联合舰队则恰好相反，火炮的口径不大，但是火炮数量多、射速快、单位时间内投射的炮弹数量大。怎样看待这一情况？对此马汉进行了认真分析。

马汉认为，军舰能搭载的重量有限，这个重量必须合理分配给舰内的作战、动力、防护等各个部分，舰炮是其中最重要的部分。

当时军舰上装备的火炮一般有两种，大口径炮可以直接摧毁敌军舰，但如果选择装备大口径炮则意味着装备的火炮数量少，炮弹少则意味着实际命中率低。

反之，中口径速射炮射速快，自身重量轻，装备的炮数就多，单位时间发射的炮弹数量就多，实际命中数量就多。

即使打不穿敌舰的重点防护部位，也会给对方的人员和士气造成极大的损伤和打击，最终可以通过杀伤人员来赢得海战的胜利。

马汉在评价中日两国海军采取的阵型和海战结果时指出，日本海军虽然击沉了几艘中国军舰，但并未能摧毁北洋海军的战斗主力，但黄海海战失利后，北洋海军却最终将制海权主动拱手让出，让人不可思议。

马汉得出结论说："两国战争虽然已达到决定胜负的目的，但认为通过鸭绿江之战，日本就掌握了制海权，我不能首肯。"

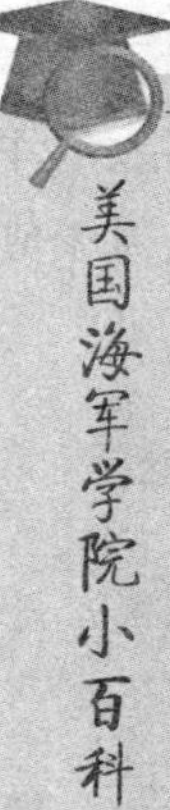

美国海军学院小百科

美国海军学院录取候选人必须是美国公民，年龄在 17 到 23 岁之间，未婚，无儿女，道德品质优秀。目前的选择过程包括提交申请，性格测试，标准测试和他人介绍。此外候选人还要参加身体素质测试以及一个完整的健康测试其中也包括远距视力临床测定。一般这些测试由一个高校体育教师或运动员队教练进行。

第二课 著名飞机设计师道格拉斯

你的脸是为了呈现上帝赐给人类最贵重的礼物——微笑，一定要成为你工作最大的资产。

在上个世纪30年代，DC系列运输机作为民用、军用运输机被广泛使用于许多国家。该系列运输机在美国使用的军用机型就不下28个主要型号，被世界航空界称为是“改变世界的飞机”。这些飞机的研制者，就是从安纳波利斯海军学院走出来的著名飞机设计师道格拉斯。

唐纳德·W.小道格拉斯1892年4月6日出生于纽约布鲁克林。在完成了高中教育后，于1909年考入安纳波利斯美国海军学院，虽然他在入学3年后因厌倦学院的清规戒律而退学，却奠定了他以后在军界发展的道路。

离开安纳波利斯海军学院以后，道格拉斯又进入麻省理工学院，专业是航空工程，在两年的时间内

完成了4年的大学学业。毕业后道格拉斯留校任职毕业生工程师，后被格伦·L·马丁飞机公司挖去作首席工程师。

一战中小道格拉斯重回军队，服役于美国陆军担任航空工程师。1918年战争结束后，道格拉斯回到马丁飞机公司，为陆军航空队研制了马丁MB-2轰炸机，这也是他参与研制的第一种大型飞机。

20世纪20年代末，世界发达国家有越来越多的人开始享受飞行的便利，美国境内航空公司如雨后春笋般涌现，飞机开始改变世界。联合航空、西部航空、美国航空成为主要的航空公司。当时投入运营的飞机主要是福克F-10系列和福特AT系列之类的金属蒙皮3个机种，并成为当时的工业标准。

这些木质骨架飞机基于一战时期的技术，在升空之前就已经显得过时，飞得很慢很低，并是维护人员的噩梦。在西部航空的一架福克F-10坠毁，导致圣母院橄榄球队传奇教练纽特·罗克尼殒命后，各大航空公司都开始寻求新一代更安全且易于维护的旅客机。道格拉斯抓住机会，推出DC系列运输机，不仅满足当时航空公司的要求，而且成为当时全球的标准民航机。

道格拉斯发明的最著名的C-47系列军用运输机，在二战中美国宣战后立即大量进入军队服役。海军空运局在珍珠港事件后几天内成立，陆航空运司令部在1941年中期成立，统一掌管军事运输任务。

这种飞机在二战中最显著的功绩在于支援空中突击行动，而这些行动大多是在陆航运兵司令部和英国皇家空军运输司令部的指挥下进行的。英国空军发现C-47非常适合用于伞兵突击，比寒酸的惠特利轰炸机和

其他临时应急的老旧飞机都优越。英国海外航空公司也获得了59架飞机用于通用运输任务。

C-47因广泛使用在缅甸和中国的抗日战场而被中国人所熟悉，在1942—1943年冬季向在敌后活动的美军奇迪特突击队送给养，在1944年3月初支援缅甸对日空降行动。许多C-47用于飞印度到中国的驼峰航线，总共运送了50多万吨的物资。

由于强烈的气流，恶劣的天气，寒冷的温度，更不要提敌机的骚扰，飞行相当艰难。在一次飞行中，一架C-47遭到一架日军隼式战斗机攻击。轻武装的隼式战斗机难以对坚固的C-47造成致命的伤害，日机飞行员决定发扬武士道精神进行自杀攻击撞向C-47。结果日机撞掉了一侧机翼并坠毁，而道格拉斯设计的C-47则安全迫降返回了基地。

美国海军学院小百科

毕业于美国海军学院的道格拉斯是美国著名飞机设计师和航空工业企业家。道格拉斯于 1892 年 4 月 6 日生于美国纽约州布鲁克林市。1914 年，获得麻省理工学院航空工程学士学位。1915 年，他来到康乃克特卡特飞机公司担任顾问，不久又加入马丁公司担任主任工程师，从此开始了他的职业航空生涯。1920 年，他和别人一起创办了道格拉斯公司。1924 年，他设计的“世界巡航者”飞机完成了首次环球飞行。此后，公司开始为美国航空队生产观察机。1935 年，他研制成功了经济性更好的 DC-3 客机。DC-3 的出现使道格拉斯公司超过了波音公司，确立了在民航机领域的霸主地位，直到上世纪 50 年代才得到改变。第二次世界大战期间，DC-3 改装为 C-47 和 C-53 军用运输机，广泛被盟国军队应用。道格拉斯公司是战时美国最大的飞机生产商，占美国全部飞机生产吨位的 15.3%。1981 年 2 月 1 日，道格拉斯逝世。

第三课 美国海军学院名人榜——哈尔西

这个世界并不是掌握在那些嘲笑者的手中，而恰恰掌握在能够经受得住嘲笑与批评仍不断往前走的人手中。

美国海军五星上将威廉·弗雷德里克·哈尔西，是第二次世界大战中著名的海军将领。他骁勇善战，曾多次打败日本海军，在太平洋战争中立下了不少战功。哈尔西生于1883年。他父亲是美国海军军官学校1873年级的毕业生。在海军服役多年，曾被授予海军上校军衔。

哈尔西的先辈中有许多人与海军有关，这对他选择海军生涯不无影响。1900年，他考入美国海军学院。1904年，由于西奥多·罗斯福总统扩建海军，需要大批新军官，哈尔西便提前毕业，到一艘烧煤的战舰“密苏里”号上服役。他虽然只是一个低级军官，但渴望着在战争中大显身手。第一次世界大战前，哈尔西受命指挥“弗鲁塞”号驱逐舰。恰巧，未来的美国总统富兰克林·罗斯福也在这艘军舰上从事海域测量工作，两人结下了不同寻常的友谊。第一次世界大战爆发，哈尔西终于如愿以偿，成为一支驱逐舰编队的指挥官。

在作战中，他显露出卓越的军事才干，受到上级的赏识。第一次世界

大战后，哈尔西到美国海军军官学校担任一艘练习舰的舰长，而这个学校的第一个飞行学员大队，恰巧是以该舰为训练基地的，这使哈尔西意外地获得了学习航空知识的机会。他对飞行入了迷，尽管因视力不佳未能获准参加飞行，但他确信飞机已成为海上作战舰队的重要组成部分，开始钻研航空部队如何与水面舰只合同作战的问题。

1938年，哈尔西出任“萨拉托加”号航空母舰舰长，成为美国最早的航空母舰指挥官之一。两年后，他升为少将。尽管他已进入高级指挥官的行列，但仍对各种新技术深感兴趣，并成为某些新技术、新设备的积极倡导者。

哈尔西于1882年10月30日降生于新泽西海军军官家庭。自幼受海军熏陶，1900年进入美国海军学院。1904年毕业后赴堪萨斯号战列舰服役。第一次世界大战前后，哈尔西分别在“弗鲁塞”号、“奔汉姆”号和“肖”号驱逐舰任军官。一战后，经过海军情报部的训练之后，哈尔西海军中校出任美国驻德国大使馆海军武官。1924年，改任驱逐舰舰长。两年后升为“怀俄明”号战列舰副舰长，晋升为海军上校。

1927年是哈尔西海军生涯的重要转折点。哈尔西出任海军学院“雷娜”号练习舰舰长，而该舰又成为学院飞行学员大队的训练基地，哈尔西开始接触飞行。1935年，哈尔西奉命在彭萨科拉飞行学校受训之后出任“萨拉托加”号航空母舰舰长。两年后调任彭萨科拉飞行学校校长，晋升为海军少将。1938年，哈尔西出任第2航空母舰分遣舰队司

令，次年改任第1航空母舰特混舰队司令，旗舰为“萨拉托加”号。1940年春，升任航空母舰特混舰队司令，指挥太平洋舰队所辖的全部航空母舰，晋升为海军中将。同年，太平洋舰队全部移师珍珠港。

1941年随太平洋局势不断升级，美国海军不断加强太平洋的海空力量。1941年11月28日，哈尔西率以“企业”号航母为主的第8特混舰队为威克岛运送海军陆战队飞机。

按计划应在12月7日前返回珍珠港，但因为突遇狂风，延误了一天，哈尔西和“企业”号就此逃过一劫。得到珍珠港遭偷袭的消息后，哈尔西奉命劫击日本攻击舰队（显然是一个错误决定），但大战刚爆发造成的混乱中一系列似是而非的情报使哈尔西的舰队向珍珠港以西追击，这无疑又挽救了哈尔西和“企业”号，因为若与珍珠港以北的日本攻击舰队相遇，哈尔西必死无疑。

太平洋战争初期，尼米兹出任太平洋舰队总司令后提出的积极防御、主动出击的作战方针，得到哈尔西的坚决支持。1942年1月底，哈尔西率“企业”号、“约克城”号航空母舰特混舰队先后对日军占领的马绍尔群岛、吉尔伯特群岛实施了战术突袭，2月底对日军占领的威克岛进行了突袭。这些战术胜利只能为美军太平洋战争初期整体溃败中取得一点点战略平衡。

1942年4月，哈尔西和“企业”号为空袭东京的“大黄蜂”号护航。4月18日，杜立特率16架B-25从“大黄蜂”号航母起飞，空袭东京成功。哈尔西

名声大振，但5月初珊瑚海战役发生之时，哈尔西正在赶往战区的途中。在随后的中途岛战役之前，哈尔西因患皮肤病而被迫住院治疗。没有参加珊瑚海海战和中途岛战役是哈尔西引为遗憾的。

1942年10月中旬，瓜达卡纳尔岛战事对美军极为不利，尼米兹任命哈尔西为南太平洋战区最高司令（兼第3舰队司令），指挥该区的盟国陆海空三军，以扭转战局。10月24日，日军总攻开始，登陆美军则顽强据守，多次击退日军的进攻。26日，哈尔西所辖的第16特混舰队和第17特混舰队与日本联合舰队在圣克鲁斯岛海域交战，美国海军遭到战术性失利，“大黄蜂”号战沉，“企业”号重伤，日本则有2艘航空母舰受创并损失100架飞机，但是，太平洋舰队司令部认为瓜岛总的形势并非不利。

哈尔西在11月8日视察亨德森机场时，提出“杀死日本鬼子！杀死日本鬼子！杀死更多的日本鬼子！”的口号以鼓舞守军。在瓜岛随后的一系列消耗战中，美军渐渐占据了上风。1943年2月，瓜岛日军被迫撤离。罗斯福总统为瓜岛战役的胜利而向哈尔西发出贺电。哈尔西随后晋升为海军上将。此后，日军在哈尔西的战区接连受挫。就在这时，太平洋舰队情报处破译了联合舰队司令长官山本五十六将飞抵布干维尔岛视察的情报。4月18日，哈尔西奉命组织这次“复仇”伏击行动，并最终击落山本坐机。

1943年5月，盟国决定从中太平洋和西南太平洋同时向日军发起进攻。哈尔西奉命组织指挥所罗门群岛战役。第3舰队已经得到加强，共有6艘航空母舰（舰载机540余架）、2艘战列舰、49艘巡洋舰和驱逐舰，还配属有海军陆战队。6月30日，哈尔西部在新乔治

亚岛实施登陆作战，遭到日本守军的激烈抵抗。

在布干维尔岛登陆作战之前，哈尔西奉命将一些舰船和部队调给组织指挥吉尔伯特群岛战役的斯普鲁恩斯，因而必须考虑以奇制胜。11月1日，哈尔西以数处佯攻吸引日军主力却在该岛不便登陆的西海岸登陆成功，令日军震惊不已。但哈尔西所辖特混舰队远在后方补充燃料、弹药，而日本的舰队得到6艘重型巡洋舰的加强，使哈尔西面临最危急的时刻。哈尔西于11月5日在没有足够的水面舰只护航的情况下出动他的2艘航空母舰，舰载机炸坏停在拉包尔的日本6艘巡洋舰和4艘驱逐舰，古贺峰一匆忙将重型巡洋舰撤走。布干维尔岛争夺战直到次年3月才结束。

所罗门群岛战役之后，美军正式划分中太平洋战区和西南太平洋战区的辖区和任务。作为南太平洋战区最高司令的哈尔西在作战方面归麦克阿瑟指挥，而作为第3舰队司令的哈尔西则归尼米兹领导，这就难免产生摩擦。到1944年6月，哈尔西的第3舰队已非当初可比，发展成为拥有4个航空母舰群（12艘航空母舰）共500余艘舰船的舰队。尼米兹和哈尔西都主张绕过加罗林群岛直接进攻菲律宾，但未被采纳。8月，哈尔西率第3舰队进攻加罗林群岛，击毁日军480架飞机、约100艘舰船。在发现菲律宾沿海防务空虚之后，哈尔西力主直接进攻菲律宾，这才得到美国参谋长联席会议批准。

1945年后，哈尔西率部支援硫磺岛和冲绳岛的登陆。随后在海上，除神风外，哈尔西已找不到什么对手。8月15日，日本宣布无条件投降。投降仪式于9月2日在哈尔西的旗舰“密苏里”号战列舰举行。两个月后，哈尔西

率部回到旧金山。12月，哈尔西晋升为海军五星上将。1947年，哈尔西退役，并出版了《哈尔西海军上将的故事》。1959年8月16日，哈尔西在美国旧金山去世。

哈尔西的军旅生涯

1922—1925年间，哈尔西被派驻柏林担任海军武官，曾担任“道尔”号驱逐舰的舰长。1927年升任上校。1930—1932年间，哈尔西已成为两队驱逐舰分队的司令。1930年中期，哈尔西进入海军学院进修。之后在担任航空母舰的舰长前，哈尔西接受了有关航空飞行的训练。在飞行员与领航员的课程之间，哈尔西坚持修读较艰深的飞行员课程。结果他成为该届最后一位完成课程的学生。完成课程后，哈尔西先后担任了“萨拉托加”号航空母舰舰长和彭萨科拉海军航空站站长。1938年，升任少将，并在之后三年担任航空母舰分队的司令。1940年升任中将，并成为航母舰队司令。

12月7日，当日本对美国发动珍珠港事件的时候，哈尔西和他的旗舰——“企业”号航空母舰正执行向威克岛运送飞机的任务。在知悉日本发动突袭后，谣传哈尔西评说：“战争完结后，日语将只会在地狱通用。”

其后在战争中，哈尔西明显地向属下军官和士兵展现其对日本人的蔑视，以期增强军队的士气。其中一个例子就是他的口号，较著名的有“杀日本鬼子，杀日本鬼子，杀更多的日本鬼子！”(Kill Japs, Kill Japs, Kill More Japs!)及“杀掉更多矮小的黄皮肤浑蛋，我们将能更快回家！”(The more of the little yellow bastards you kill, the quicker we go home!)等。

而在战争的前半年，哈尔西的航母舰队主要是突袭日本在太平洋控制的岛屿，及参与杜立德空袭行动。此时，哈尔西采用

其后经常使用的口号："猛烈地、快速地和频繁地打击（日本）"（Hit hard, hit fast, hit often）。

哈尔西一生大部分时间都为银屑病所困扰。1942年6月，哈尔西因为此皮肤病而不能参与中途岛战役。他的席位由雷蒙德·阿姆斯·斯普鲁恩斯少将接任，而刚参与了珊瑚海海战的法兰克·杰克·弗莱彻中将则出任作战指挥。哈尔西更让斯普鲁恩斯借用他的首席幕僚米尔斯·勃朗宁，协助斯普鲁恩斯指挥作战。虽然斯普鲁恩斯和勃朗宁未能良好地沟通，但最终美军在中途岛战役还是能够大败日军。

1942年10月18日，哈尔西在瓜达尔卡纳尔岛战役的关键时刻接任美军南太平洋战区总司令，并于一个月后获升任上将。1943年2月，当确保了瓜达尔卡纳尔岛的安全后，哈尔西派兵扫荡所罗门群岛其他岛屿并占领布干维尔岛，更成功占据部分俾斯麦群岛，孤立了日军在拉包尔的强大军事基地。

1944年5月，当战事移师菲律宾和日本本土时，哈尔西被调回任第三舰队司令。此后于1944年9月至1945年1月间，哈尔西带领第三舰队攻占了帕劳、雷伊泰岛和吕宋岛，并空袭了多个日军基地。

威廉·弗雷德里克·哈尔西中学毕业之后，因为没有获得保送资格而未能考入美国海军学院，只得考入弗吉尼亚大学攻读医学。1900年，由于母亲再三恳求麦金莱总统而获得保送资格，转而考入美国海军学院。在校期间学习成绩平平却酷爱足球运动。珍珠港事件发生前夕，哈尔西奉命率以航空母舰为主的第8特混舰队为威克岛运送远程战斗机，因而美国航空母舰得以免遭劫难。哈尔西在返航途中得知珍珠港事件，立即下令在日本

舰队可能撤退的方向搜索，准备还击，遗憾的是，搜索一无所获。

6月30日，哈尔西部在新乔治亚岛实施登陆作战，遭到日本守军的激烈抵抗。海战速度的加快促使哈尔西更换陆战指挥官。8月25日，美军攻克该岛，歼敌约9000人。

根据预定计划，哈尔西的攻击目标将是科隆班格拉岛。该岛有1万日军严密设防，强攻不仅会造成重大伤亡，而且将使作战旷日持久，因此，哈尔西决定对该岛围而不攻，越过该岛而攻取韦拉维拉岛，为后来尼米兹提出"越岛作战"提供了成功的先例。

1944年10月，由尼米兹控制的哈尔西第3舰队和由麦克阿瑟指挥的金凯德第7舰队进入菲律宾海域，日本舰队为反击美军而编组为南方舰队、中央舰队和北方舰队，共4艘航空母舰、9艘战列舰。19艘巡洋舰和33艘驱逐舰，另有600余架飞机。日本计划先以北方舰队的航空母舰诱使第3舰队远离莱特湾北上，然后以中央舰队穿过圣贝纳迪诺海峡，与南方舰队合击莱特湾，摧毁美军登陆场。有关情报表明，中央舰队将最先抵达莱特湾。

哈尔西亲率3支特混舰队封锁圣贝纳迪诺海峡。10月24日，哈尔西向中央舰队猛攻，而在接到中央舰队已经溃逃的不确情报后即决定攻击北方舰队的航空母舰，与此同时，下令编组第34特混舰队封锁海峡却没有派出。是日夜晚，中央舰队驶越圣贝纳迪诺海峡。25日拂晓，当金凯德的主力痛击南方舰队时，斯普拉格的护航航空母舰特混舰队却遭到中央舰队的袭击。哈尔西在击沉北方舰队的2艘航空母舰(另外2艘随后也被击沉)后，又被尼米兹的内容有误的电报召回。结果是双方都失去了战机，日军损失4

艘航空母舰、3艘战列舰、11艘巡洋舰、9艘驱逐舰和600架飞机。

1944年11月，美国海军陆战队士兵占领了布干维尔岛之托洛基纳角附近之日军据点。布干维尔岛位于日军西南太平洋战略基地拉包尔东南约205海里，面积约1万余平方千米，是所罗门群岛最大岛屿。

日军自新佐治亚群岛败退后，重点加强该岛防御，企图长期坚守。美军攻占该岛的目的是在岛上修建机场，对拉包尔实施空袭，从而控制整个所罗门群岛。

守岛日军为第17集团军（司令为百武晴吉中将）的第6师和南方警备队等共3.5万余人。

盟军参战兵力为美军第3陆战师、第37步兵师和新西兰军队1个旅等共3.4万余人，由南太平洋战区司令W.F.哈尔西海军上将指挥。

纪念哈尔西

至今已有两艘船舰以哈尔西命名：一艘为莱希级巡洋舰（编号：

DLG/CG–23)，另一艘为阿利·伯克级驱逐舰(编号:DDG–97)。

1960年10月20日，加州圣地亚哥的北岛海军航空站的机场在一个庆祝美国海军航空50周年(1911—1961)的活动中向哈尔西致敬。

至少两家美国院校有以哈尔西命名的建筑：一座为哈尔西的母校弗吉尼亚大学的哈尔西楼，另一座为美国海军学院的哈尔西运动场。

宾夕法尼亚州匹兹堡市内的哈尔西巷是以哈尔西命名的。

在哈尔西的家乡，新泽西州联合县的伊丽莎白高校内哈尔西综合大楼是以哈尔西命名的。

此外，在同县斯普林菲尔德镇的强纳生·戴顿高校，则将学校礼堂以哈尔西之名重新命名。

保罗·麦卡尼和琳达·麦卡尼在1971年推出的热门流行曲《艾尔伯特叔叔/哈尔西上将》(Uncle Albert/Admiral Halsey)中曾提及哈尔西。

在汤姆·克兰西的小说系列中，主角杰克·雷恩是一本名为《海上斗士》(Fighting Sailor)的哈尔西传记的作者。所以故事中也曾提及哈尔西。

在小说《猎杀红色十月号》改编的同名电影中，则有贬损哈尔西的对白："我知道这本书(《战斗的水手》)。雷恩，你的结论全都是错的。哈尔西都是愚蠢地做事。"

在小说《红兔子》中，哈尔西因主角所编的传记而被提及。

哈尔西在贺文·沃克的两本小说中登场。

在《战争之风》(The Winds of War)中，哈尔西只是一个次要角色，并没有太多登场机会。1983年，小说被改编为同名电视剧。

在《战争之风》的续作《战争与回忆》(War and Remembrance)中，哈尔西是其中一位配角，较前作有较多登场机会。小说改编的同名电视剧于1988年播出。

在记述莱特湾海战的《雷暴之海》一书中，哈尔西是四位主要角色之一。

【关于哈尔西军衔的介绍】

哈尔西从未拥有过中尉的军衔——他以少尉服役三年后直接获升为上尉。但因行政理由，哈尔西在海军的纪录指他在同一日获升至中尉和上尉。另外，在哈尔西获升为少将的时候，美国海军还未设立一星将级军衔。故哈尔西是从上校直接升为二星少将的。

哈尔西是一些电影和电视剧内登场的角色。

《东京上空三十秒》(Thirty Seconds Over Tokyo,1944年)：记述杜立德空袭。

《永恒之海》(The Ternal Sea,1955年)

《战斗岗位》(Battle Stations,1957年)

《英勇时刻》(The Gallant Hours,1960年):哈尔西传记电影。

《虎！虎！虎！》(Tora! Tora! Tora!,1970年):记述珍珠港事件。

《中途岛》(Midway,1976年):记述中途岛战役。

《麦克阿瑟》(MacArthur,1977年)

《战争之风》(1983年)

《战争与回忆》(1988年)

《珍珠港》(2001年):记述珍珠港事件。

在约翰·伯明翰的时间轴三部曲(The Axis of Time triology)小说中,哈尔西和尼米兹均是作品中的次要角色。

哈尔西是哈利·托特达夫的小说《向东前进》(Drive to the East)中的一个小角色。故事假设美利坚合众国和美利坚邦联在二战期间的交战。故事中哈尔西参与了强渡弗吉尼亚州的拉帕汉诺克河,让合众国士兵继续向美利坚邦联的首都——弗吉尼亚州的列治文市前进。

在电视节目《JAG》中,虚构角色海军军法处处长爱尔伯特·切尔韦登的办公室内,挂上了哈尔西的美国海军官方照片。

1951 年 3 月 4 日,哈尔西是电视游戏节目《What's My Line》第 40 集的神秘嘉宾。当时,参加者正确地猜出他的身份。

第四课　为中国培养早期留学生

积极的人在每一次忧患中都看到一个机会，而消极的人则在每个机会中都看到某种忧患。

美国海军学院为中国培养了众多的留学生。在中国留学史上，最早的有历史影响的留学生是容闳(1828—1912)。

1849年容闳读完初中，在美国传教士布朗的帮助下留学美国耶鲁大学。大学毕业后，他返回祖国，致力于发展中国的留学教育。容闳建议清政府成立教育部，说服清政府“派遣幼童赴美国学习”。

容闳计划向清政府申请多达100万两白银的经费，派送3批共120名幼童出国留学。

但是，那时候国库空虚根本拿不出那么多钱，而且，许多上层人物也对容闳派幼童留学的计划十分不理解。

他们认为：既然要师夷以长，那就专门去学机器制造、军队指挥、船舶建造等等专业就可以了，用不着非要从娃娃学起。

另外，那时的中国读书人还是想走科举做官的道路，对出国留学并不感兴趣。

再加上，孩子年龄还小，父母对他们到遥远的美国读书，总是放心不下。

容闳历尽艰险总算招满了第一批30名天资聪颖的、年龄在10—15岁的幼童。容闳根据自己的经历，认为这个年龄最为合适。

因为十数年的中国文明熏陶，已足以令他们在内心里将“中华”二字深深扎根。而他们年轻的心，也更容易接受外来的文明。容闳将中国的未来寄托在这些孩子们身上。

1862年，容闳向美国派出了第一批少年留学生。1872年10岁的詹天佑赴美去学习，已经是第11批少年留学生了。而且，詹天佑所在的那一期，也不再是仅仅30人，更不是只向美国派出，而是庞大的200人的队伍，分别被派往美国和欧洲。

容闳以自身在美国多年的生活及社交经验，带着大笔的银子赴美，出色地完成了向美国派遣留学生的签约任务。

林肯总统十分高兴地接受了中国对其内战的支持，答应在经济上，在

贸易上，在军队指挥人员的培养上给予大力支持。

数十名中国青年得以进入美国的安纳波利斯海军学院学习，中国最需要的现代化军队指挥人才在数年后源源不断地回到祖国，为中国的建立和发展建功立业，成为新型国防军的骨干力量。

美国海军学院小百科

建院之初，这里还只是个占地10英亩的炮台。而现在的海军军官学校占地达330英亩(一部分是填海后新辟的土地)，拥有自己的小型教学舰队、游艇俱乐部、一应俱全的教学及体育设施(有些设备胜过莫斯科奥林匹克场馆)，甚至还有一座供教学之需的核反应堆。如果人们来到这里，赶上天降瑞雪，学院所有广场和街道都覆盖在皑皑白雪之下。但奇怪的是，不会看见有人出来打雪仗，也不会发现有手持铁锹铲雪的学员。人们不必惊奇，要知道，每位海军军官的培养费高达28.5万美元，海军当局认为让“代价昂贵”准军官们做这种“粗活”显然不合理。诸如“扫雪”这类的卫生清扫工作一般由学院雇专门的清洁公司来打理。当然，不管刮风下雪，户外体育锻炼是必修课。这才是学员们应尽的“义务”。

第五课　美国海军学院名人榜——金海军上将

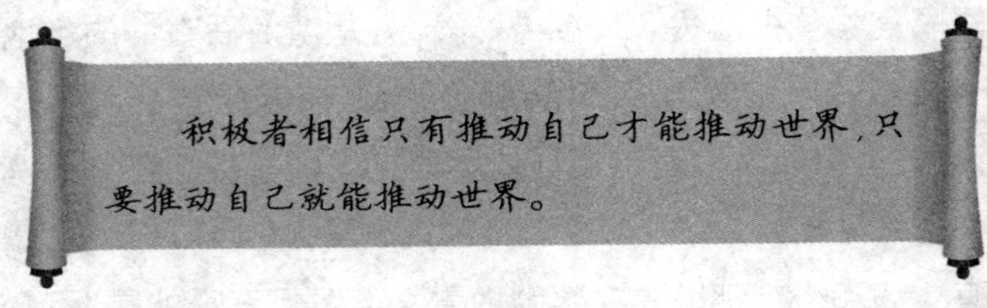

欧内斯特·约瑟夫·金(1878.11.23—1956.6.25)美国海军五星上将。1901年毕业于安纳波利斯海军学校。

二战中坚持太平洋第一的美国海军总司令。海军中尊称全能的上帝。军里边流传一句俏皮话，说什么海军上将欧内斯特·金用一管喷火器剃胡子。

他是一员海军航空兵老将，生平勋绩不可胜数，包括把一艘在公海沉没的潜艇升上水面。他本来已经被安顿在军务会议里面终养天年，那是一个专门收容无处安排的海军老将的顾问小组。他生性冷酷，咄咄逼人，因而不得人心。自尊心被他损伤的，前程毁在他手里的，都大有人在。珍珠港事件之后不久，罗斯福任命他为美国海军总司令。据说金曾有过这样的话，等到大事不妙，他们就会来找龟儿子了。

他1933年毕业于军事学院。第一次世界大战时，先后任驱逐舰舰长、驱逐舰分队长、大西洋舰队助理参谋长。战后曾任潜艇分队长、潜艇基地

司令。“列克星敦”号航空母舰舰长、海军航空局局长。1941年2月起任大西洋舰队司令。

1942年3月至第二次世界大战结束，担任海军作战部部长。他是美国武装部队参谋长联席会议成员和英美联合参谋部成员。根据他的决定，1943年美国海军在大西洋组建第10舰队，担任护航反潜任务，并亲自兼任舰队司令。在他的影响下，美国在第二次世界大战过程中改变了对战列舰的看法，不再把它看成是海战中起决定作用的舰种，而主张加速建造航空母舰。他还是太平洋优先的倡导者。1945年11月退役。著有《1941—1945年战争中的美国海军（向海军部队的正式报告）》、自传《金海军五星上将》。

同僚评价

“金海军上将面临同样困难的问题。他的舰队必须钳制住日本人，这样数以百万吨计的作战物资就可以顺利地通过大西洋运送到盟军手中，以保障新开辟的欧洲第二战场所需。他是一名能力非凡的海军将领，尽管他脾气暴躁，但却无妨于和参联会中的同僚们商讨高度机密的战略。总统（罗斯福）对他的能力也给予了很高的评价，但是同时也感到他是一个没有什么外交策略的人，特别是在对待英国的态度上。金在当时是力主尽早增加对亚洲战场投入的。虽然他对首先打垮德国的总战略没有异议，但是这也需要他作出他并不太情愿的在舰只使用和战争物资分配方面的让步。他在舰只不敷使用的情况下一直不遗余力地为这场战争贡献着自己的力量，直到战争结束，因为这是历史上美国第一次在两个大洋上同时作战。”

“1942年2月23日：作为美国海军舰队总司令（直接对总统负责）的金海军上将，是一个独断专行、顽固不

【在麦克阿瑟的自传和回忆录中】

“我曾经提醒马歇尔注意以下几个事实：在珍珠港、在望加锡海峡和在所罗门海敌人以零伤亡击沉我们4艘巡洋舰，这几次海军惨败的战斗都要归咎于海军将领的指挥。在我的战区内，海军则没有如此之大的损失。海军和陆军航空兵得到的支持均比不过我。退一步说，各军种之间甚至是各军种将领之间的争斗会直接影响到取得战争的胜利。”

化的典型。他动脑不多，并且时常对部下颐指气使。但是我认为他的战斗欲望非常强烈，这一点是非常值得钦佩的。（但是）在这场战争中，当一切的最高指示都来自一位总统、一位首相、6个参联会成员以及一些其他的计划制定者组成的小圈子的时候，就必须要有足够的耐心——因为谁也不是拿破仑或者是恺撒大帝。”

美国海军学院小百科

美国海军学院在美国是令人向往的。有传闻称，来海军学院学习的多为美国富家子弟。但是，事实情况并非如此。任学院总务的主任利丁就曾经毫不讳言地说，他父母并不富裕，对他来说，只有到安纳波利斯海军学院才有机会接受上流教育。当然，进入海军学院还需要有国会议员的推荐信(必备条件)。有些学员甚至是美国总统本人举荐来的，但是这并不意味着他们有优先入学的资格。

后 记

本丛书是根据世界著名大学文化教育长期思考研究编辑而成，它代表着我的一份独立思考，更代表着我的一份紧张和不安。

我知道书是写给别人看的，且不说怎样去影响别人、打动别人，起码得让人饶有兴致地读下去吧。我试图从新的视角，新的写作方式，尽可能全面准确地把握写作主题，让读者从世界著名的 20 所高等学府中获取知识，从而提高自身的文化素质，学习思考问题和学术研究的新方法。在文化交流中，读者能够从本丛书中了解到世界著名大学的文化教育思想，同时可以学习借鉴这些大学教育经验的有效做法和成功经验。我知道，想到了未必能做到，更未必能做得好。这是个大问题，就算不能够起到抛砖引玉的效果、但是在编写过程中我还是做了大胆的尝试，希望读者们可以在阅读的过程中有所收获，有所启发。

本着这样的想法和初衷，经过长期的准备和编写，书稿业已完成。大学是人才荟萃、知识丰富和精神自由的地方，在大学里，每个大学生的人生都会因为环境而发生重大的转折和改变，这也是人生获取能量、积累资源最重要的时期。因此，大学生在校期间应该兼收并蓄，广泛寻求与老师、同学、校友之间的互动交流机会，从而既可获得一面立体的“镜子”，清晰地认清自己，又能获得各类精神营养的滋润，让自己拥有领袖的气质。

大学是未来领袖的摇篮，是天才的渊薮，也是一个人在走向社会之前的自我磨练的地方。在这样一个思想极度开放自由的地方，作为大学生必然会遇到各种各样的问题。在这套丛书中，我们不仅介绍各所世界名校的发展历程、研究成果，同时我们还介绍了这些高等学府的知名校友，青少年在阅读时会从那些名人的生平事迹中有所感悟，从而影响青少年读者的人生价值观。我始终认为大学教育是一个人在成才过程中必不可少的教育阶段，在这一时期，大学生们必须要有自我发展的意识，而“未来领袖摇篮”丛书正好符合了青少年在这方面的需求。

大学有着深厚的文化积淀，其功能是培养符合社会需要的人才。尽管大学中的教学活动都是围绕专业知识的传授和学习展开的，实际上，一批又一批的青年学子始终是在学校中各种“潜在课程”、“无形学院”的培养、熏陶和影响下成长的。学知识与学做人，始终是摆在大学生面前的两件同等重要的任务。大学教育的本质在于人的教育。

高等教育的最重要目标并不是为了培养出多少具有先进知识的人才，而是在于培养具有高素质的复合型人才。换句话说，在学生的专业知识与人格得到全面发展的同时，大学作为培养“未来领袖的摇篮”肩负着责无旁贷的重任。